渋沢栄一
君は、何のために「働く」のか

The Great Book of
EIICHI SHIBUSAWA' s Wisdom
The Philosophy of right and rich work

東大名誉教授
竹内 均 編・解説

三笠書房

第一章

何のために、どう働くのか

◎すべての人が幸せになる「仕事の本質」「理想のあり方」

6 君は、何のために働くのか

7 正解は、どう見つけるか

第二章

どんな仕事でも成功できる「七つの心得」

◎誰もが「人を使い」「人に使われる」から、これが効く

3 経営者の心得

4 起業して成功するには

5 重役の心得

6 目的を達するには

7 学がなくても稼ぐには

第三章

どんどん仕事が面白くなる「人間関係の育て方」

◎配慮一つで、より快適に、すごい結果が出せる

第四章

一流の仕事をする人の、創造的「日常生活」

◎やる気もアイデアも、こんな習慣から生まれる！

3 「円満な家庭づくり」の秘訣

4 お金に〝心〟を入れる知恵

第五章

教養を超える価値がある！自分をランクアップさせるための「修養」

◎あなたについていきたい！　と言われる人になる

3　この忍耐に勝る知恵はない！

4　渋沢流の体力増強法

5 「働く」君へ。最後に伝えたいこと

本文ＤＴＰ／株式会社Sun Fuerza

第一章

何のために、どう働くのか

◎すべての人が幸せになる「仕事の本質」「理想のあり方」

時に運不運があり、人に幸不幸がある。そしてこの配列によって、逆境に陥る人もあり、または順境に立つ人もある。

しかし、逆境に陥るのは、多くはその人の知識、勉強、忍耐などが足りないからで、また順境に立つ人の多くは、知識が豊富で思慮深く、時機に適応した行ないをするからである。

西洋の諺《ことわざ》で「学識があって勉強する船長は、いつも順風を得て航海する」というものがあるが、実に真理を突いている。

1　自分のための人生、どう働くことが幸せなのか

いつも〝間違いのない人生〟を生きるための第一の心得

人の一生は、物心がついてから死ぬまで長くて百年、短ければ四、五十年と長短の別がある。また、同じ人生でもその行程の変化が多ければなんとなく長いように感じられ、十年一日のごとしというようにあまり変化がなければ、たとえ八十年の長年月もきわめて短いような感じがするだろう。

およそ人生の行程は、遭遇する事柄や時勢というものに支配されるのはやむを得ないが、変化の多い人生が必ずしもよいとは言えない。

たとえ変化がなくても、その境遇が順調で幸福が多ければそれに越したことはない。

逆に、変化が多くても、それが失敗や挫折につながるほうの変化であるならば、けっして喜ぶべきことではないのである。

また、自分の家が栄えたり身内の者が裕福になるような人生は、確かに幸福には違いないが、そのために子孫が怠け者になったり、だらしのない生活にふけったりすれば、その結果はかえって不幸と言わなければならない。

このように考えれば、人生は富み栄えて、しかも長いものだけがよいとも言えないし、また短くて貧しいのが悪いとも言えない。

短い人生で大事業を成した者もいれば、長い一生でありながらなんら見るべき仕事を残さない者もいる。

そして私は、同じ人生なら長くて変化の少ないほうを希望すべきだと思う。しかもそこでは、息長く堅固に仕事を続けていくことを心がける必要がある。

いっときの不運に、いちいち動揺しない

人生に得意のときと失意のときがあることは誰にも避けられないことであって、これに処するには各自の注意が大切だと思う。とはいえ、この得意とか失意はその人の行ないが原因となる場合が多いけれども、自然の運命によることもないとは言い切れない。そして私は、運不運ということは各人にいくらかずつはあると思う。

たとえば汽車や船に乗ってもときに予期できない災禍を受けたり、あるいは地震や落雷とかによって思いがけない災いを被ったりする。人間の力ではとてもこれを避けることはできない。つまり、賢者だから災難を免れ、小人だからそれを受けるというわけではない。

たとえば水戸藩の偉人、藤田東湖《とうこ》などはその好例だと思う。東湖は政治家として卓越していたのみならず、文学者としても非凡であった。また、英雄豪傑というばかりでなく、家庭人としても慈愛の情の厚い立派な人物であった。

だが、この偉人も安政の大地震のときに母をかばおうとして危険の中に身を投じ、母は助かったけれども、不幸にも自分は無惨な死を遂げた。東湖の死は、水戸藩にとっても、天下の政治にとっても多大な損失だったが、これも不運から生じた災禍と言えるだろう。

このように得意と失意は、その人の運不運から起きることもあるし、また各自の処世の適否、家庭の善悪、さらにはそのときの社会の勢いから生じる場合もある。

けれども、それがどんな人にも必ずやってくるものであるとすれば、それに直面して狼狽しないよう、修養をしておくことが大切である。

ことに、世間知らずで感情に走りやすい青年時代には、失意を経験するととかく落胆して、物事を放棄するようになる。失意の結果、怠慢に陥り、あるいは自暴自棄になって、ますます失意の底に沈み、はなはだしいときには犯罪者にまで堕落したりする。こんなふうに光栄ある未来を破壊することのないよう、平素から「修養（詳しくは第五章参照）」をしておくことがきわめて大切である。

「得意のとき」「失意のとき」どう対処するか

それでは人はどのようにして得意（好調なとき）と失意（不調なとき）に対処したらいいのか。孔子などは、得意を得意と思わず、失意も失意とは考えなかった。言い換えれば、いわゆる人生の得意とか失意を超越していたのである。このような安心立命の境地に入った人は、失意とか得意のために心を動かされることもない。

こういう境地に入れれば大したものだが、凡人には到底そこまでは望みようもない。いくら学問や知識のある人でも一度失意の境遇に沈めば、いじけたり、憤ったり、嘆いたりして、ややもすれば堕落や破滅の谷間に落ち込んでしまう。また得意のときには、自慢し、驕《おご》りたかぶり、一時の愉快な気分に駆られて深慮遠謀を欠き、空《そら》頼みにふける。そして一に達すれば二を望み、三を得れば四を欲するようになって、ついには行き詰まってしまうこととなる。この点はよほど注意しなければいけないと思う。

「名を成すは毎《つね》に窮苦《きゅうく》の日に在り、事を敗るは多く得意の時に因る」

という古人の句がある。これは世間の人に対する簡潔な警句となっている。失意のときには心が引き締まり、油断がなくなるから、何事も成功しやすい。逆に得意のときには傲《ごう》慢《まん》な心が原因で失敗しやすい。つまり、失意があればこそ人は名を成すこともでき、得意はかえって失敗を引き起こしがちなのだ。

そう考えれば、失意を経験したからといって必ずしも悲しむべきではないし、むしろ喜んで努力する絶好の時期であると思う。この意味で私は、自ら進んで失意を求めよとまで言いたいのである。

「心に予防線を張る」という賢明な工夫も

また、かの熊沢蕃山《はんざん》の、「憂きことの　なおこのうえに　積もれかし　かぎりある身の力ためさん」という歌のように、何かを行なうときに最初から失敗や挫折を覚悟してかかるのも、心を安らかにする一手段であると思う。

こういう心の習慣を持っていれば、多少の失意には打ち克てる。

要するに、覚悟さえ確かであれば、失意は必ずしも憂《うれ》うべきものではないし、境遇のいかんにかかわらず、大過なく社会に処していくことができると思うのである。

2 「やりたい仕事」「面白い仕事」をするには

どんな仕事も、誠心誠意ことに当たる

世の中で活動するときに、学問が必要であるのは言うまでもないが、人間としての価値は学問だけで決まるものではない。

世の中の役に立つ人物となるには、日頃からの修養と誠意努力とを相携えて進んでいかなければならない。学問ばかりあっても、この方面に欠けるところがあれば、立派な人間と称することはできないのである。

早い話が、大学を出たからといって必ずしも立派な人物とは言えない半面、さほど教育を受けなくても周囲から期待され求められる人物は少なくない。それは何と言っても不断の修養と人格の力である。だからこそ日頃からの修養が必要なのだ。

絶えず修養に心がけていれば、自然に常識も発達するし、また知らず知らずのうちに人

格も磨かれていく。今後世に立とうとする人々は、学問を修めるとともに、よりいっそう修養に心がけることが肝心である。

また現代人は、いわゆる「時世におもねる」傾向が強いように思われる。一面からすれば時世におもねる人は、それだけ世渡りがうまいとも言えるだろう。しかしそれは皮相な観察であって、見識のある人からは軽薄な人間と見なされるのがオチである。

こういう人間に限って体裁をつくろうことだけは上手だから、一時は上役に気に入られたり世間からちやほやされたりする。しかしもともとが無責任だから、けっして長続きはしない。したがって、社会に重用されるまでには至らない。

それに対して、『論語』の中の、「内に省みて疚《やま》しからずんば、夫《そ》れ何をか憂《うれ》い何をか懼《おそ》れんや」との教訓に従い、責任を重んじ、誠心誠意をもってことに当たっていれば、たとえ失敗しても良心が咎めたりせず、そのために信用を失うようなこともない。そればかりか、かえって世間に重用され、将来は必ず大成できるようになるだろう。

不平を吐いてはいけない本当の理由

世間には他人の出世を羨やんだり、自分の仕事に不満を抱いたりする人が少なくない。

たとえば、「自分は実力があるのに世間は認めてくれない。俺をいい地位に使ってくれない」「私はこんな知識を持っているのに、その方面の仕事を与えてくれない」と不平を言う人がいる。

けれども、これは大きな誤りである。

人間の社会的地位というものは、与えられるものではなく、自ら築くべきものである。人間は磁石のようなものだ。その人に十分な能力があり人格が立派であれば、ちょうど磁石が鉄を吸いつけるように、自分の力で仕事や地位を吸収できるのである。もし自分の力が十分でなければ、大きな仕事を与えられてもよい地位に据えられても、これを十分に処理することができない。悪い磁石はそばに鉄を置いてもそれを引きつけられないのと同じだ。

だから、いたずらに自分の地位の低さに不平不満を抱いたり、先輩に自分が認められないことを嘆いたりする者は、不平を並べ憤慨する前に、まず自分の磁力がはたして十分であるかどうかを顧みるべきだ。そしてその磁力を、なおいっそう強力にするよう努力することが肝心である。

世の中に仕事はたくさんある。仕事に対して不平を言うのは、取りも直さず、自分がその仕事を吸収する力がないために ほかならない。そして、もし一つの仕事に対して不平を抱き続けるような人間であれば、明らかに他の仕事に対しても適材でないということを白状しているのと同じだ。こういう人は到底、将来の栄達を望むことは不可能だ。

目の前のことを完璧、かつスピーディーにやり遂げる

ではどうすればいいかと言うと、与えられた仕事を完全に、しかも迅速に成し遂げるようにすることが最も肝心である。どんなにつまらない仕事でも、けっして不平を吐かず、与えられた職務を自分の天職だと思って成し遂げれば、いつの間にか人からも信頼され、第二、第三の仕事が来るようになる。やがては本当に価値ある人物として重用され、将来の成功を約束されるようになるのである。

共存共栄のスタンスで、常に進化し続ける

人間がこの世に生きている以上、いっさい他人の世話にならないと言っても、それは事実上できることではない。それならばむしろ、つねに相手を尊重しながら、自ら守るべきところは守っていくほうがよい。自分の利益ばかりを考えて他人に迷惑を及ぼすようなことをしてはいけない。誰もが社会の一員として共同生活を送っている以上は、このような共存共栄の心を持っていたほうがお互いに円満に過ごしていけるだろう。

ただし、ここで注意しておきたいことがある。世の中はいつの時代も自然淘汰が行なわれ、磁力の強い者は社会に重用され、弱い者は世に出ることが難しいのである。この点をよく考えて、いつも社会の進歩に遅れないよう智力を磨き、勤勉努力し、人格を高潔に保ち、修養の工夫を怠らず、それによって世の中の役に立つ人物となっていくという心がけが必要だ。「天は自ら助くる者を助く」と言われている。私がここで「地位は自分で築き上げよ」と提唱するのも、それと同じ精神にほかならないのである。

3　どんな仕事相手と、どう関わるか

誤解を恐れず、道理にかなう人材を

私はややもすれば世間の人から誤解されて、渋沢は清濁あわせ呑む主義だとか、正邪善悪の区別を気にかけない男であるとか評されている。先頃もある人が来て、真っ向から次のように私に詰問した。

「あなたは日頃、『論語』を処世上の根本とし、また論語主義を自ら行なっているにもかかわらず、あなたが世話をする人の中には、まったくあなたの主義と反する者もいる。それなのに、社会からつまはじきにされる人物でも、あなたは平然とそばに近づけ、世間の評判などいっこうに気にしないような態度を取っているが、こういうことはあなたの高潔な人格を傷つけるものではあるまいか。その真意が聞きたい」

なるほどそう言われてみると、思い当たることがなくはない。しかし私は、自分の主義は主義として、およそ世事に処する際には自らを貫くと同時に社会のことに努め、できるだけ善行を増やし、世の進歩を図りたいとの気持ちを抱いている。単なる自分の富や子孫の繁栄は第二に置き、国家社会のために尽くすことを一番に考えるものである。

つまり、人のためを思って善を施そうと心がけ、人を助けてその能力を適所に用いたいという念が強いのである。この主義こそが、世間の人から誤解されるようになったゆえんではないだろうか。

私が実業界に入って以来、接触する人は年々その数を増し、そういう人が私のやり方を見習うようにもなった。そして、その人が自分の長所を踏まえて仕事に精励し、たとえ自分の利益だけが目的だとしても、その仕事が正しいなら、結果的に国家社会のためになるのだから、私はつねに相手に同情し、その目的を達成させてやりたいと思う。

私の抱いている主義がこうであるから、面会を求めてくる人には必ず会って話をする。

知人であろうとなかろうと、こちらに差し支えがなければ必ず面会して、先方の訪問の目的とその希望を聞くことにしている。そして来訪者の希望が道理にかなっていると思う場合には、相手が誰かを問わず、その人の希望をかなえてやる。

自分の主義をつらぬくのなら、雑事も受け入れる

ところが、私のこの門戸開放主義につけ込んで、無理な要求をしてくる人がいるから困る。

たとえば、見ず知らずの人から生活費を貸してくれと頼まれ、ある新発明をしたからその仕事がうまくいくまで助勢を請うとか、はなはだしいときは、これこれの商売を始めたいから資本を出してくれとか、この種の手紙が月々何十通となく舞い込んでくる。

私は、手紙の表面に自分の宛名がある以上、それを読む義務があると思っているので、そうした手紙が来るたびに必ず目を通しているが、そのすべてに自分で断わりの返事を出すわけにもいかない。なかにはわざわざ自ら私の家に出向いて来て、この種の希望を述べる者もいるので、そういう人には、その無理な理由を説いて断わるようにしている。

私のこのようなやり方を他人が見たら、何もそんな手紙にいちいち目を通し、そういう人にことごとく会う必要はないと言うだろう。

けれども、面会を謝絶し、手紙を見ないようにすれば、私の平素の主義に反することになる。だから、自分の雑務が多くなり暇もなくなって困るとは知りながら、主義のためによけいな手数をかけるのである。

そして、そういう人が言ってきた事柄でも人から頼まれたことでも、道理にかなっていれば、私は、当人のため、第二には国家社会のために自分の力の及ぶ程度において協力してやる。つまり、道理さえあれば、自ら進んででも世話をしてやる気になるのである。

もちろん、後になって「あの人は善人ではなかった」とか、「あの事柄は見間違えた」ということはある。しかし、〝悪人〟必ずしも悪に終わるものではなく、〝善人〟必ずしも善行を遂げるものとも限らない。

だから、〝悪人〟を悪人として憎まず、できるものならその人を善に導いてやりたいと考えて、最初から〝悪人〟であることを知りつつ世話をしてやることもある。

とにかく私は今述べたような気持ちで人に接するけれども、はじめから欺くつもりで来る者には、ときとして欺かれることもある。それは、私のもとに来て話すことと平生の行ないとが相反する人物の場合だ。私としても、いちいちその人につきまとって行動を監視するわけにはいかず、陰で何をしているかはわからないけれど、私の面前で話すことは信頼に足りると思うから、知らないうちにその術中に陥るのである。

君は、子産を馬鹿だと思うか？

『孟子』に、鄭《てい》の国の子産という人が〝校人〟という池沼を管理する役人に欺かれた話が載っている。

子産は智者で、鄭の国を治めて非常に成績を上げた人だが、あるとき、よそから生きた鯉を贈られたので、さっそく校人に命じて池の中に飼わせた。だが校人はこの鯉を煮て食ってしまい、主人である子産には、「はじめ池に放したときは、さも驚いたという様子でしたが、しばらくして悠々と水底に潜ってしまいました」と報告した。

子産はこの報告を聞き、「それはさぞかし鯉もほっとしただろう」と言って喜んだ。

このありさまを見て校人は、後で人に、「どうして子産を智者などと言えよう。魚は俺が煮て食ったとも知らず、さぞかし鯉もほっとしただろうなどと言っている」とあざ笑ったという話だ。

けれどもこれは子産が愚かなわけではなく、校人の欺瞞《ぎまん》から起こったことで、子産には責められるべきところなど一点もないと思う。

孔子は門人の宰我《さいが》から、人徳のある人間を、「井戸に人が落ちた」と言って騙《だま》すことはできるでしょうかと問われて、こう答えた。

「君子は逝かしむべし、陥るべからず。欺くべし、罔《し》うべからず（君子を井戸のところまで行かせることはできるが、その中に落とし込むことはできない。騙すことはできるが、前後の見境までなくさせることはできない）」

一度は君子を欺けるにせよ、最後まで欺き通すことはできない、と教えたのである。

「清濁あわせ呑む」ことはしない

私も時には惑わされるが、清濁をあわせ呑んだりはしない。

元来、世の中はどこまでも清くなければいけないはずのもので、濁の存在することがそもそも間違っている。したがって、清に協力するのは当然であるけれど、濁をもあわせ呑む必要は認めないのである。

そういう意味で私は、最初から正邪善悪は区別しているつもりだが、神様でもないので、前述した子産の話のように欺かれる場合もあるだろう。ただし、豪傑を気取って清濁をあわせ呑み、欺かれると知って欺かれているのではないのである。

私は実に欺かれやすい主義のもとに立ってきたから、世間から誤解されるのもやむを得ない。そして、これは私の短所であろうが、ときに長所となることもあると思う。

私の門下生と称する者、私に私淑する者の中にも、その行動が私と反対の人間もいるだろう。だが、そこまでは私の力の及ぶところではないから、その点だけをとらえて清濁をあわせ呑んでいると非難されても、「それはそう見る人の誤解だ」と言うよりほかに道はないと考えている。

4 人を動かすには

言行一致に努め、誠実さと敬意をもって接する

世に処し、人と接する道はいかにあるべきなのだろうか。

人間としてこの世に存在している以上、ただ一人で何かをやろうとしてもそれは不可能で、いろいろなことにかかわり、大勢の人と接してはじめて、さまざまな仕事が生まれてくるし、人間としての目的を達することもできるのである。

とすれば誰であっても、世に処し、人と接するには、自分本位で生きることなく世間と調和し、他人と調和するように心がけなければいけない。

それには、言葉を「まこと」そのものにし、行ないを実直で慎み深いものにするよりほかに道はない。世を渡り人と交わる際には、言行一致に努め、言葉はどこまでも忠実を貫き、嘘を言わず、行動は誠実で、相手への敬意を失わないようにする。これが実行できるならば、絶対に人から怨みを受けはせず、それどころか好ましい人物として他人から慕われるようになるだろう。

事の大小、人物の軽重で「接し方を変えない」

『論語』に、子張が「どうしたら自分の主張が実行されるようになるだろうか」と尋ねている箇所がある。孔子はそれに答えて、こう教えている。

「言忠信にして、行ない篤敬《とつけい》ならば、蛮貊《ばんぱく》の邦《くに》といえども行なわれん。言忠信ならず、行ない篤敬ならずんば、州里といえども行なわれんや」

これは、言葉が忠実で真心がこもり、行ないが実直で慎み深ければ、野蛮な国でもその人の言うことは実行され、もしこれと反対のことをすれば、たとえ郷里であっても実行されはしない、という意味である。

私もこれは真理だと思う。

物事を処理したり人と会ったりする場合、その事柄の大小や人物の軽重にかかわらず、つねに誠心誠意を最後まで貫くならば、おそらくその処理を間違うことはなく、人から怨みを受けるような心配もない。したがって、誰であっても世に処し人と接する際には、この心がけを守らなければいけない。

もっとも、言葉に真心がこもり、行ないが実直であれば、人は知識が乏しく才能がなくても必ず重んじられる、とは断言できない。

なぜなら、人の知識や才能はそれぞれに異なり、その運用いかんによって物事も成就し、人に重んじられることになる。これは言行とはまったく別のもので、同一に論じることはできないからである。ことに知識や才能などは、生まれつき優れた人もあり、いくら修養しても及ばない者もある。人それぞれに備わったものだから、これに対して急に「こうしろ、ああしろ」と迫ったところで、必ずしもうまくいくとは思えない。

それに対して言行の修養は、知識や才能はさほどでない人でも、やろうと思ってできないことはない。ふだんの言葉を忠実にして嘘をつかないとか、行ないを実直にして相手への敬意を失わないというようなことは、今すぐに実行できる。しかも、同時にそれが善事でもあるのだから、やらないのは人間として間違っている。

世に処し人と接する際に円滑を望むならば、当然この点に気を配ることが肝心であろう。

5　世に立つ一流の人となり、真に有意義な日常を送るには

学び続ける

私はもはや老人である。

しかし、まったく暇な身の上となることはできず、小さな銀行ではあるが、またその世話をしているというしだいで、老いてもやはり活動しているのである。

人はすべて、老年であっても青年であっても、勉強する心を失ってしまえば進歩も発展もなくなる。同時に、そのような不勉強な国民によって動かされる国家はけっして繁栄するものではない。

私は自分でも日頃から勉強家のつもりでいるし、実際、一日といえども職務を怠りはしない。毎朝七時少し前に起きて、来訪者に面会するように努めている。相手がどんなに大勢でも、時間の許すかぎり面会することにしている。老境に入った私も、なおこのように努力を怠らないのだから、若い人々には大いに勉強してもらわなければならない。

怠惰はどこまでいっても怠惰に終わるものであって、怠惰から好結果が生まれることは絶対にない。たとえば、座っていると立って働くより楽なようであるが、それが長く続くと膝が痛んでくる。それなら寝転べば楽かと思うが、これも長くやっていると腰が痛み出す。怠惰の結果はやはり怠惰で、それがますますはなはだしくなるのがオチである。したがって、人はよい習慣をつくらなければならない。つまり、勤勉努力の習慣を身につけるようにしなければならない。

学んだことを、日々実行する

人が世の中で成功するためには勉強する心が必要である。しかし、ただやみくもに学問をして、それだけで直ちに成功できると思うのは大きな誤解である。

『論語』の中で孔子の門人の子路は、こう述べている。

「民人有り、社稷《しゃしょく》有り。何ぞ必ずしも書を読みて、然《しか》る後に学ぶと為《せ》ん（民を治め、国を運営することが、実際の学問である。書物を読むことだけが必ずしも学問ではない）」

私はこの子路の言葉に賛成である。机上の読書だけで学問をした気になってはいけない。どれだけ知恵が十分であっても、それを働かせなければ何の役にも立たない。そして知恵を働かせるとは、勉強してそれを実際に活用することである。しかもその勉強は、ただいっときの勉強では不十分だ。死ぬまで勉強し続けてはじめて満足のいくものになるのである。要するに、ことは平生の心がけ、心の習慣にある。

日々実行しないと「手遅れ」になる

これはたとえば、医者と病人の関係のようなものである。日頃、健康に注意を怠っていながら、いざ病気という段になって医者のところに駆けつけるようでは、手遅れなのだ。医者は病人の治療が仕事だから、いつでも治してくれる、などと思っていては大間違いである。医者は必ず平生からの養生を勧めるに違いない。

だから私はすべての人に、不断の勉強を望むと同時に、平生からの注意を怠らないように心がけることを説きたいと思う。人はおのおの性格に基づき、またその境遇に応じて、どんなわずかな時間でも努力と修養を怠らない心がけが必要である。

とにかく行けるところまで行き、やれるところまでやるという意志がなくてはいけない。ここまで最善を尽くしたあとに、いわゆる「人事を尽くして天命を待つ」という余裕ある態度が生まれるのである。

心の奥までは満たされないニセの「楽天生活」

昔の狂歌に、こんな句がある。

「朝寝坊 昼寝もすれば 夕寝する　たまたま起きて 居眠りをする」

まことにその通りで、一度自堕落に流れると、際限もなく惰眠をむさぼり、怠慢に陥るものである。これは知らず知らずのうちに誰もが経験している事実だと思う。

にもかかわらず多くの人は、朝寝することをあたかも大きな慰安、休息のように考え、朝寝をすれば睡眠がたっぷりとれるから、日中から夜にかけて十分活動ができるように言う。ところが現実には、平気で朝寝坊するくらいの人は、右に挙げた狂歌のようにかえって昼寝もすれば夕寝もし、またしばしば居眠りまですることが多いのである。

朝寝坊の話は一例だが、とかく今日のような時代にはそんな呑気な、うかうかした生活は禁物である。世間には楽天生活とか楽天主義とかいう重宝な言葉があって、そんな名目のもとにわがまま気ままな、むしろ自堕落な生活を平気で送っている人も少なくない。そういう人たちは、何の拘束も規律もなく、ただ放埒《ほうらつ》に呑気に暮らしさえすれば、それで人生の安楽と考えているようだ。

だがこれは、物にたとえれば水草か柳の枝のようなもので、ただふわふわと水のまにまに、あるいは風のまにまに浮かび漂うことを〝幸福な生活〟だと見なしているのである。しかし〝本当に有意義な日々〟を送ろうとする者は、当然ながらこういう生き方には賛同しがたいし、もっと着実な考えを持っているはずだ。

人生を賭ける価値ある本物の「楽天生活」

それでは、真に有意義で堅実な生活を送ろうとする人はいつもあくせく努力し、少しも慰安や休息の時がないかと言えば、けっしてそうではない。その人の心がけしだいで、かえって怠惰な者以上に十分な慰安を得、安らかな休息を与えられるのである。

そもそも人が一個の人物として押しも押されもせぬ風格を備え、優れた人間として世に立つためには、「自分自身の利害得失が、同時に社会の利害得失と一致するような仕事」を成し遂げる覚悟が必要だ。そして私の考えでは、「自分の性格を発揮し、高尚な趣味を満足させることがそのまま自分の利益にもなり、同時に社会の福利ともなるような生活」が、人間としての自然な生き方、円満で完全な生き方だろうと思う。

真の意味での楽天生活とは、この境地に達した生き方のことを指すのではないだろうか。

「くよくよ」する人には可能性がある！

また、本当に楽しい人生を送るためには、人はときには悲観的な生活を体験する必要もある。始終「くよくよ」して暮らすと言えば、なんだか馬鹿らしいようにも思われるが、この「くよくよ」の生活には案外大きな得があるのだ。

なぜかと言えば、「くよくよ」はさまざまな不安、不満足、不幸などを表わしている。そして「くよくよ」の念のあるかぎり、その人には、どうにかしてその不安から逃れ、不足を補い、不幸から脱却しようとする努力と意志が伴っているはずだ。その努力も意志も欠けていたのではははなはだ心細いが、たいていの場合、少しでも心ある人間ならば、その意志があってはじめて「くよくよ」するのである。

この意味での「くよくよ」は、その人の発奮を促し、活動の源泉となる。

だからけっしてこの気持ちから逃げようとせず、むしろこれがあればこそ凡人にも出世の見込みがあるのだ、と思うべきである。

私がこれまで折に触れて感じてきた「くよくよ」の念は、自分にとって忘れがたい刺激であり、発奮剤であった。したがって私は世の人にも、できるかぎり悲観的な考えに背を向けず、これに刺激を求め、興奮を感じ、「くよくよ」の念を克服したあとに待っているはずの楽しい生活を目指して進んでもらいたいと思う。

6　君は、何のために働くのか

世界的大富豪は、何のために働いたか

私がアメリカを旅行したのは明治三十五年と四十二年の二度だったが（その後もうあと二度訪米）、この二回の旅行では、大統領タフト氏をはじめ、前大統領ルーズヴェルト氏やロックフェラー氏など、あらゆる分野の名士と会って親しく話を交わすことができた。

これは光栄なことでもあり、また実に愉快な出来事でもあった。

ただし、残念なことに、かの有名な鉄鋼王アンドリュー・カーネギー氏と会見する機会

には恵まれなかった。そのため、あるいは想像論に陥るような点があるかもしれないが、ここでは氏の著書を通じて私の感じたことを二つ、三つ述べてみようと思う。

カーネギー氏の経歴を見ると、氏は学問から身を起こした人ではない。そもそもはスコットランドの機織り屋に生まれたが、しだいに精巧な機械が発明されてくるにつれて旧式な機織り屋は自然に衰退し、ついには一家を維持することができなくなってしまった。

そこで一八四八年に一家を挙げてアメリカに移住し、ペンシルバニア州ピッツバーグにつつましい家を借り、父とともに紡績工場に雇われて週一ドル二〇セントの賃金をもらうようになった。これが十三歳のときである。

ついで十四歳でピッツバーグ市電信局の配達夫となり、そのかたわら電信技手の技術を修めたが、同郷人のペンシルバニア鉄道会社支配人にその腕を見込まれて、同社に入ることとなった。

その後、同社の増株募集に応じて十株の株主となり、それからしだいに蓄財してストレイファムの石油坑を四万ドルで買収したが、よほど幸運な人だったと見えて、その一年間の利益配当が百万ドルに上ったという。このとき氏はわずか三十一歳の青年にすぎなかった。

その後、同社の主任に昇進したけれども、先見性のあった氏は、将来に鉄材の需要が無限に増えるだろうとの見込みをつけて会社を辞め、直ちにピッツバーグ製鉄工場を設立、独立経営に着手した。以来、ひたむきな努力により十年足らずでアメリカ最大のカーネギー鉄鋼会社を築き上げ、ついには十数億ドルの富をつくるようになったという。

以上がカーネギー氏の略伝である。さらに氏の素晴らしい精神について少し述べたい。

時代が求めるもの＝多くの人を助けるものを提供する

カーネギー氏についていかにも感心するのは、自ら十数億ドルという財産を身につけておきながらも、それをほとんど意に介していないように思われる点である。

氏は、それほどの財産を得たのも自分が世に立って尽くすべき責任を尽くした結果であり、会社経営に全力を注いだのはひとえに「天の使命」であると考えている。そして、その使命に基づいて蓄積した富を国家社会のために使わなければ、人としての本分を完全にはたしたとは言えない、という崇高な信念を持っている。

世間一般の考えでは、自ら働いて蓄財すればそれは自分の勉強、自分の知恵のお蔭で儲けたものだから当然自分のものだと思いがちである。

ところがカーネギー氏の考えはまったくその逆で、その所有する財産が自分のものであることを、ほとんど忘れているかのように見える。

カーネギーの一番の目的も、富ではなかった

氏は「富は目的にあらず」という題の文章の中でおおむね次のように説いている。

「世間の人がややもすれば富を人生の目的であるかのように考えるのは、まことに困ったことである。もちろん、その日暮らしの労働者にとって金を得るかどうかは直ちに死活問題となるから、そのせいで金が万能だと考え、金の前には誰でも膝を屈するものだと判断するのは無理もない。しかしながら、たとえば自分では少しの功績もない人間が裕福な女性を妻に迎え、あるいは先祖の遺産に頼って贅沢《ぜいたく》な生活を送ったり、高い地位を占めようと思ったりするのは、まったく卑しい心以外の何ものでもない。試しに見るがいい。医者にせよ法律家にせよ、発明家にせよ技術者や科学者にせよ、教育者や芸術家にせよ、立派な人間は金を得ることを一生の目的や名誉、終生の仕事としてなどいない。彼らの眼中には富の偶像よりも、黄金の魔力よりもなおいっそう高尚な目的があるからこそ、進んでそれぞれの職業を選んで従事しているではないか」

これがすなわちカーネギー氏の信念でもあるが、このような心をもって蓄えた金こそが、

真に国家社会の公益ともなるのである。

お金のある人、ない人、それぞれの言い分

古人の言葉に、「君子財多ければその徳を損じ、小人財多ければその過を増す」とある。これは、凡人がたくさんの富を持てば必ず過失がつきまとうし、君子たりともややもすれば富のために徳が損なわれるという意味である。

ところがカーネギー氏は、「遺産は子孫に大きな恥を残す」との考えを抱き、学校、病院、図書館、そして各種の慈善事業に莫大な金を寄付して世界を驚かせた。氏の場合は、財産が多ければ多いほどその徳をますます発揮する人だと言っても過言ではないと思う。

金のない人はよく、「自分だって、もしあれくらいの金持ちになれば慈善事業に惜しまず金を出すが、それに引きかえ今の金持ちは……」などと言う。

金持ちのほうも、「五千万円の財産があれば六千万円にしたい、六千万円になれば七千万円にしたいと思うのが人の常だ。金のない人だからそんな気前のいいことが言えるのだ」と冷笑する。

ところがカーネギー氏は、そうしたくだらない争いからは超然として、富は自分の力だけで生み出せるものではないと心底から信じている。氏の著書を見ても、十数億ドルの富を蓄えたのは自分の知恵や努力のみならず社会のお蔭であり、したがって富は自分の占有物ではなく大部分は国家社会のものだ、と述べている。だからこそ、一心に努力して蓄えた金をどうすれば世のために有効に使えるか、と苦心したのだろう。こういう人が大勢いたなら、その国は必ず黄金国となるに違いない。

私は平素から東洋流の哲学で物を考える癖があるが、孔子の弟子の中でも最も優れた十人の弟子のうちの一人である顔淵《がんえん》が孔子の問いに対して、「善を伐《ほこ》ることなく、労を施すことなからん（よい行ないを鼻にかけたりせず、厄介な仕事は他人に押しつけない人間でいたい）」と答えた言葉などは、カーネギー氏の心がけと通じるものがあろう。

氏が幼いときからの努力と勤勉によって巨額の資産を蓄え、しかも今日でさえ「善を伐ることなく」広く国民のために尽くしているというこの殊勝で高潔な心は、いわゆる聖人の域に達したと言っても、けっして褒めすぎではあるまい。氏はまさに世界的な偉人と呼べるのである。

7　正解は、どう見つけるか

メリットに目を向ける人、デメリットに目を向ける人

世の中の事柄に関して、一方には「こういうありさまでは困る」と心配する者がいれば、他方には何事も楽観的に見る人がいる。この悲観する人と楽観する人の例を個人的に挙げてみると、井上馨侯はよく「困る、困る」と悲観する側の人であり、大隈重信侯は「結構だ」と楽観する側の人であった。

この大隈侯の楽観論については、なかなか面白いのでよく話をするのだが、明治のはじめに氏から民部省（後の大蔵省と内務省を合わせたような役所で、後に大蔵省に合併）で仕事をするよう勧められたとき、私が、「民部省の事務はほとんど知らないから」と言って断わったところ、「知らないからそれを創造してやるのである。日本建国の昔、当時の

神々はその全部を創設したではないか」と言ってすこぶる楽観しておられた。

また、私が東京瓦斯《ガス》会社を経営していた頃、市民のガス使用量が非常に低い実状を話し、こんなありさまでは困る、と嘆いたことがある。すると大隈侯は、「事業に熱心な君の嘆息はわからないでもないが、ガスを市民が使っていないというのは、将来多く売れて事業発展の余地があるということだ。今、市民の十分の一しかガスを使っていなければ、今後は現在の十倍は使用されるようになると見ていいので、前途洋々たるものだ。だから愚痴を言うことはない。むしろ反対に大いに喜んでいい」と言って笑ったのである。

確かに、こういう見方にも一理はある。


これに対し、たとえば井上侯は、同じことでも悲観的な考えをするだろう。

仮に、今年、生糸が約八億円売れたとしたら、井上侯なら、「今年は八億円売れてよかったが、よく売れるからといって価格を上げたり品質を落としたりすると、来年は五億円しか売れないかもしれない。したがって貿易業者も製糸家も注意を要する」と悲観的に見て警戒するだろう。

つまり、いわゆる悲観、楽観は、そのどちらにも道理があると言える。

偏ると間違う

日本も明治維新以降、万事に長足の進歩を示し、文明レベルは他の先進国に一歩も譲らないまでになった。これは世界各国に比べて類例のない発展と言わなければならない。

ところが、これほど世の中が進歩・発達しつつあるにもかかわらず、そこには当然ながらいろいろな思想も起こり、物事に対しても「形」の面に偏って考える者と、「実」の面に偏って考える者との二つを生じるようになった。

私はこの二つの偏見が、「悲観」と「楽観」とを生み出す原因だろうと思う。

たとえば、現在の社会に対して「極端に悲観する者」は、「昔の人は忠誠心や孝行心のほかにはどんな思想も抱かなかったが、今日では、あまり感心できない危険な考えを抱く者が出てきた」「当時の学生は質実剛健の気性に富んでいたが、今の学生はやたらに弱々しくなった」「人々の虚栄心が強くなって、徳がますます薄弱になってきた」「今の人は利欲に走り、人情が薄らいできた」などと評価して、しきりに社会の風潮を悲観している。

しかしながらどんな時代でも、社会の全局面にわたって完全無欠を期するのは難しいことだろう。社会の長所をさておいて、むやみに短所ばかりを拾ったなら、おそらく弊害や欠点は、今挙げたくらいでは足りないだろう。

そんな偏った議論をしないで、公正な見識をもって社会の「光明面」と「暗黒面」とを比べて考える必要がある。

そして私は、中立的な立場から見て、現代社会は明らかに進歩向上の途上にあると思う。とはいえ私は、現代社会に完全に満足し楽観しているわけではない。いまだ大いに足らざる点があることを遺憾に思っている。それは何かというと、仁義とか忠孝の観念が他の面に比べて非常に劣っていることである。本当の富は、強い信念と厚い徳義に支えられていなければ、なかなか永遠に維持することはできない。富も地位もその人の活動いかんで、一時的には得られるけれども、強い信念と厚い徳義を根本思想に置かなければ、そこにいろいろな雑念が起こり、邪路に入るから、永遠に保持することはできなくなる。私が遺憾に思っているのは、ひとえにこの一点なのである。

したがって現代においては、社会の中に仁義や道徳の観念を広め、地位や身分に関係なく誰もが実直で人情に厚い気風を取り戻すようにさせることが重要である。これを抜きにして社会の向上を企てても、それは結局のところ絵に描《か》いた餅《もち》に終わらざるを得ない。ところが、最近の現状を手放しで喜び、自分に都合のいい説を立てて、教育の面から見ても経済の面から見ても、わが国の文明は進歩してきたと楽観しすぎている者もいる。

こうした「楽観論者の説」も、先に述べた「悲観論者の説」も、一応はもっともな理屈があるように思える。

だが、私は、まったくどちらにも同意することができない。なぜなら、悲観、楽観の両者とも見方が一方に偏り、両極端に走っているからだ。一方に偏った説というのは事の核心を突いてはおらず、また、いわゆる達観の境地に達したものとも言えない。

楽観と悲観の間——そこに「達観」がある

それでは達観とは何か。私は、中庸を得た観察のことだろうと思う。両極端に偏らないところに真理は含まれているのだから、言行が核心を突いていれば、その人は中庸を得た人、達観した人と呼べるだろう。

しかしながら、この中庸というのがなかなか得がたいものである。

朱子は、「偏せざるを中と言い、易《かわ》らざるを庸と言う。中は天下の正道、庸は天下の定理」と説いたが、中庸の本旨はそれに違いない。中庸を得ることができれば、世の中のことは必ず円滑にやれるはずである。

また、孔子は、「君子は中庸す。小人は中庸に反す」と述べ、「中庸は君子の道である」と教えた。

〝中庸〟を得ると、すべてが面白いほどスムーズにいく道が見える

とにかく、何によらず偏るというのはいけない。悲観、楽観を超越したところに自分の進むべき道はあるはずである。だから私はいつでも一方に偏らず、極端に走らず、その中間を取ってうまく進むことを心の習慣にしている。したがって、これまで悲観も楽観もしたことがない。悲観も楽観もないと言えば、まことに人生が無味乾燥であるように聞こえるが、けっしてそういうわけではなく、むしろ中庸を得たところに自分の進路を求めるほど愉快なことはない。

近頃の人はややもすればたちまち悲観し、あるいは楽観する。これはいかにも精神修養がおろそかにされていることを表立って告白するようなもので、まったく感心できない現象ではないだろうか。

少々の行き違いや矛盾に直面しただけで悲観し、ちょっとの満足や納得が得られただけで楽観していては、おそらく日常生活がうるさいものになってしまうだろう。私は他人があまりにも悲観したり楽観したりするのを見るたびに、「どうしてあの人は達観して、もっと安心できる生涯に入ろうとしないのだろうか」と不思議に思うくらいだ。

つまり私の立場は、悲観も楽観もしないところにあるのである。

第二章

どんな仕事でも成功できる「七つの心得」

◎誰もが「人を使い」「人に使われる」から、これが効く

すべての事は、思うと同時に行なわなければならない。
思う前にまず学ばなければならない。
いわゆる知行合一は陽明学の骨子で、
孔子も「学ンデ思ハザレバ則《すなわ》チ罔《くら》シ、思フテ学バザレバ則チ殆《あや》フシ」
と言われた。古人はけっして私たちを欺《あざむ》かない。

1　私たちが、この世に生きる目的

人類が生まれ持った性質

われわれがこの世の中に生存している目的は、そもそも何だろうか。

また、毎日せっせと励んで活動を続けているのは何のためか。

第一に、これについて考えてみなければならない。そして同時に、どのように一身を処していくのが最も時流に合うのかも研究してみる必要がある。

ここで私は、実業家の見地から、自分の考えの一端を披露してみたい。

さて、この世の中の人が、それぞれ自分だけ都合のいいようにすれば、それで人間の目的をはたすことになると考えていたとしても、それを別段に咎め立てして制裁を加えるわけにはいかない。しかし、それがはたして完全な人間の目的だと言えるだろうか。

『孝経《こうきょう》』には、こんな教えがある。

「身を立て道を行ない、名を後世に揚げて、もって父母を顕《あら》わすは孝の終わりなり（一身の独立を保ち、道理に沿って生き、後世に名を残し、それによって父母の名を世に広めるのが最終的な親孝行である）」

この句を子細に味わってみれば、その中には「功名」も「富貴」も「栄達」もすべて含まれている。もし『孝経』の説が真理だとすれば、功名や富貴や栄達は人生の目的であるようにも受け取れる。だから人が自分の立身出世を求めてやまないのは無理もないし、ある意味では、人間にそういう心があるのはむしろ自然の性質であって、必ずしも卑しむべき事柄ではないと思う。

しかしながら、単にそれだけで「人間処世の目的」をはたしたと考えるのは、大きな間違いではないだろうか。

なぜなら、一身の栄達を求めるのが人間の自然の性質であると同時に、人が社会の一員である以上、共同生存ということもまた、人類の自然な性質であるはずだからだ。

したがって、人は、自分一人が富を得て出世すればあとはどうなってもいい、という了見でこの世に処していくわけにはいかないのではないだろうか。

われわれには、自分の富貴栄達を求める一面と、どこまでも国家や社会のために尽くす義務という一面がある。つまり、国民一人ひとりが互いに協力してその国を発展させ、文明を進めていくことは、人間が共同で生きているという点から見ても、人生の一大要件になっているはずだ。だから、人生の目的に沿う「人間として真に意義のある行動」と言えば、目上の者への忠実、父母への孝行、友人への信義だけでは足りない。

それに加え、広く同胞を愛し尊敬するという心を推し進め、それによって世の進歩を助けていかなければならない。

それでこそはじめて人生の本分をはたすことができ、ひいてはそれが自己栄達の根本ともなるのである。

「本分」で得た報酬で暮らすのが最高の道

このように考えてくると、商業に従事する者も工業に従事する者も、「単にその仕事で自分一人が儲けさえすれば、それが人間の本当である」などとは思えなくなる。

もし誰かが、「個人は国家の一分子であるから、一人ひとりが儲けることは結局のところ国家の利益である。だから、それぞれが利益を得ることを主眼にしていれば間違いはない」という意見を抱いたとしたら、その結果はどうだろうか。

仮にこの意見を推し進めてみると、「人力車を引くのは賃金を得るためだが、もし賃金さえもらえれば人力車は引かないでもよい」という議論になる恐れがある。だが、これはおそらく正当な議論として許すことはできまい。

私の意見では、人力車を引かずにただ賃金だけもらうというのは、車夫としては希望するところかもしれないが、人間の常道から論じれば必ずしも希望すべきところではないと思われる。要するに、人力車を引くという人間の本分（本来、尽くすべき務め）をはたすことによって、そこに賃金という報酬が生じてくる。本分を遂行して得た報酬によって自分の身を立てていく。それがすなわち、誰にも恥ずかしくない人間としての常道を歩むことになるのである。

商業に携わる者も、同じようにその知恵や働きの程度によってその報酬が多くなったり少なくなったりする。それが多かれ少なかれ、その本分を尽くして得た報酬で生活を維持することが人間最高の道であろう。

むやみに高い報酬を求め、そのために人道を無視し道徳を軽んじるようなやり方は、けっして処世上の目的に沿うものではなく、車夫が車を引かずに賃金を得ようとするのと同じ論法になってしまうのである。

結果にとらわれて「人としての本分」を忘れるな

以上に述べてきたことを要約すれば、国家を思う心と自分の立身出世策がうまく均衡を保ち、一方が重くならず他方に傾かずどちらも両立することが、結局は処世の要諦であるという点に帰着する。だから人は、まずその点を心がけ、それ相応の知恵を磨き、学問を修め、仕事に精一杯努力すべきである。そうすれば仕事の功績も世に認められ、その本人も必ず相当の栄達ができるようになるだろう。

しかしながら世間には、かなりの知識もあり、技量も持ち、さらには今述べたような精神を抱いて働いていながら、それほどの評価を得ることなく終わる人がいないとは限らない。またそれとはまったく反対に、偶然の結果で、実際の知識や技量以上に立派な身分に成り上がってしまう者がいないとも限らない。だから、単に結果だけを見て、その人が世に尽くした功績を判断してしまうわけにはいかないのである。

古人の言葉にも、「成敗をもって英雄を論ずることなかれ」とある。

これは私の言いたいことと同じ意味で、仕事に失敗したからといって、その人が英雄でないとは言えないのである。その人が立派な身分であるかどうかは、必ずしも当人が世に尽くした功績のいかんにかかっているのではない。だから実業界で身を立てようとする者は、けっして結果ばかりにとらわれず、また成功失敗という点にのみ執着せず、まず人間の本分を尽くすことを目的とし、自分の行動に少しのやましさもないようにすることを心がけて仕事をしてもらいたい。

仕事の結果を心配し、あるいは成功か失敗かだけを基準に功績を論じるのは、枝葉末節の話である。要は物事の根本を忘れないよう注意することが肝心なのだ。

「本分」を尽くすために！ 〝道徳と功利〟ともに手にして進め

なおここで、富貴栄達と仁義道徳との関係についてひと言述べておきたい。

富を積み立身出世することと、人間の道である仁義や道徳とは、はたして両立できるものなのだろうか。

世間ではややもすれば、この二つの関係を誤解して、仁義や道徳を行なえば富も出世も得られず、富貴栄達を求めれば人の道に欠けるところができてしまう、というように解釈している者がいないでもない。しかしながら私は、この両者はあくまでも合致できると信じている。

儒教で、とくに重視される経書である『大学』にも、

「国は利をもって利と為さず、義（道義）をもって（本当の）利とするなり」

とはっきり述べているし、裕福であると同時に人格者でもあるという実例は、世界にたくさんある。だから、どんな時代でも仁と富、義と利益とは両立し、けっして矛盾し合うものではないと私は考えている。

結局のところ、仁義や道徳の根本がいわゆる、

「疏食《そし》を飯《くら》い、水を飲み、肱《ひじ》を曲げて之《これ》を枕とす」

といったような仙人じみた無欲な生き方にあるとの誤解を、まず一掃しなければいけない。それと同時に、前にも述べたが、自分の身さえ栄達すればそれが理想だというような考えも除かなくてはならない。

人としての本分を尽くすには、道徳と功利とを両手に握って進むという精神を抱いて世に処することが、どうしても重要である。これはまさに私の理想郷であり、それだけでなく、万人が理想郷として目指すものであるに違いない。

人としてこの世に生を享《う》けた以上、互いに努力し勉強して、一刻も早くこの理想郷に到達するよう努めてもらいたいものである。

2　ビジネスパーソンに必要な、基本中の基本スキル

実務処理能力

ひと口に会社員と言っても、そこにはさまざまな種類があり階級があるから、それらについていちいち必要な資質、資格を述べるのは容易なわざではないが、ここでは会社員の中でも、特に実務を担当する人間一般に通用する資格とその心得の概略を話そうと思う。

およそ会社で実務に就く者は、その地位いかんによって、それぞれにふさわしい才能や知識や技術を必要とする。だが、実務家全体に共通する資格と言えば、まず日常の実務の大きな部分を占めている簿記計算に熟達することである。

次に、文筆の才も必要だ。別に文章家ほどにならなくてもよいが、多少は文筆の心得があって、ちょっとした意見書や往復文をつくれるだけの素養がなくてはうまくいかない。

つまり、用途に応じて、簡潔で意味のはっきりした文章を素早く書ける手腕が求められるのである。また、字体が明確であることも肝心だ。どんなに多忙でも、一見して直ちに判読できる正しい文字を書く習慣をつけておく必要がある。すべて仕事では達意を旨とするから、いかに書体は優雅でも難読の字は困る。明確な文字を速やかに書くのが一番である。

以上は一般的な必要条件であり、そのほかに、「法律の概略」と「外国語」についての素養があれば申し分ないと思う。

健全な精神

ただしもっと大切な要件は、精神的に完備していなければならないということだ。

いかに学問の素養があり、技術が優秀で、しかも十分な才能を持った者でも、性格上の欠点があったり気質が悪かったりしては、到底実業界で立派な仕事を成し遂げることはできない。したがって、精神の修養（第五章参照）には特に注意しなくてはならない。

七つの素養

それでは実務家にはどんな性質の人が最も適当かと言えば、私は「常識が完全に発達した人」と答える。実務家とは、読んで字のごとく実務を処理するのに適した人であればいいので、乱世に出て天下を平定した英雄や、革命に加わって事を画策する豪傑のような性格は必要ない。むしろ太平の世に生まれた良民のような常識的人物でなくてはいけない。

これに関して心の習慣とすべき点を、次にもう少し細かく説明しよう。

一、実直であること。正直であり親切で、かつ徳義を重んじる人でなくてはいけない。詐欺や背信行為を犯し、徳義とは何かを知らない人は、たとえ一時的にはうまく仕事をこなせても、永久の成功はおぼつかない。

二、勤勉精励であること。何事においても勤勉精励が必要なことは、今さら言うまでもあるまい。勤勉精励は成功の第一要素である。

三、着実であること。事を処理する際に着実であれば手抜かりや誤算を防げるので、計算実務などでは特にこの性質を必要とする。東洋流の豪傑を気取った突飛な行動、不謹慎な態度は、実務家にとっては禁物である。

四、スピーディーであること。会社の実務は繁雑で多忙なものだから、それに従事する者もその繁雑さや多忙についていけるくらいスピーディーでなければいけない。ただしスピーディーと言っても、粗暴乱雑とは違って、命じられた仕事を直ちに処理する性格のことだ。遅い人はとかく事務が渋滞してうまくいかない。同時に、その遅さと着実とを混同してはいけない。

五、温厚であること。性質が温順かつ善良で、いわゆる謙譲の美徳に富み、言葉も態度もともに懇切丁寧でなければいけない。

六、規律を重んじること。会社の規則に従い、上役の命令に背かず、自分の分限を守る人が必要である。さもなければ、秩序が乱れ、事務の混乱を来《きた》すことは免れない。

七、忍耐力があること。一度従事した仕事はそれを完成させるまで諦めないという心がけ、すなわち忍耐力が最も必要である。このような辛抱があり、長年の経験を積んでこそはじめて成功者たり得るのである。

入社一年目の心構え

以上は精神的な方面での一般的な資格であるが、ここではもう一つ、学校を卒業してはじめて社会に出るときの心構えを述べておこう。

そもそも社会人として仕事をするうえでは何事も実地の経験が第一であり、学校で学んだことはすぐには役立たない。したがって、この世界で重要な地位を占めるようになるまでには、多年の経験と忍耐を要するということを覚悟しなければならない。

ところが私の知っている卒業生の多くは、高い希望を抱き、校門を出るやいなや、一足飛びに支配人や支店長などの重要な地位を占めようと夢想している。だがこれは大きな考え違いと言わなければならない。

なるほど支配人や支店長、ないしは重役の仕事は、ちょっと側面から見ればいかにも楽で、容易にできそうではあるけれど、さて実際にその地位に就くと、そこには言葉に言い表わすことのできないいわゆる「呼吸」というものがあって、それ相応に難しい。

そして、その呼吸も多年の経験から修得したものであるから、局外者がちょっと飛び込んでみてもそれは容易に学べるものではない。だから、実業界における初心者が直ちに重要な地位を求めるのは、身のほど知らずと言われても仕方がない。

ただし、高い希望を持つことそれ自体は差し支えない。分不相応の望みを抱くのはよくないけれども、品格を高尚に保ち、卑しい思想を捨てて高潔な精神を抱くことは大いに歓迎すべきだ。そして、実力以上の欲望に惑わされず、たとえどんな低い地位を与えられてもそれに不満を起こさず、じっくり我慢して自分を磨き上げていくのがよい。

このように努力と勤勉を続けていけば、ついには自分の希望する通りのことが実現するだろう。私はこの点について新入社員の短所を知っているので、特に注意と警告を与えておきたいと思うのである。

3　経営者の心得

〝自社の利益〟以外にも目を向けているか

最近の経済界における一般の企業家の気風はどうだろうか。今日の企業家に果たして真に国家を思う気持ちがあるだろうか。

私の目に映ったところから推測すると、今日の企業家の多くは、国家よりも、社会よりも、まず自分の利益に着眼するようになってはいまいか。はなはだしい場合には、国家も社会も眼中になく、ただ私利私欲しか考えていないような振る舞いさえ見受けることもある。

このような人間に、はたして会社の経営が完全にできるものだろうか。経営者の眼中に国家もなく社会もないようでは、その会社は到底永久の生命を保ち得ないように思う。ただただ目前の利益だけに幻惑され、自分の会社と国家社会とがともに発展していくという点を度外視するならば、会社の基礎が堅固になり、長く存続することは望めないのである。
近年の実業界のありさまを見ると、景気のよさそうな会社がむやみに興るが、興ったかと思うとまもなくたちまち倒れてしまう。世に「泡沫《ほうまつ》会社」などという怪しむべき言葉がつくり出されるようになったのも、要するに国家と社会とを眼中に置かない企業家とその会社の運命を語っているものにほかならない。

猿マネの消耗合戦はしない

私はいつもこのような企業家と称する連中の態度を見ているが、そこには何の確信もなく何の精神もない。たとえば、ある製造業がこの頃非常に景気がいいと聞けば、すぐにそれを模倣して会社を興す。だがそれは自分の創意ではなく模倣であるから、形式は学ぶことができても精神が行き届いていないので、思ったようにやれはしない。こんな調子で新しい仕事を企画しても、結果としては互いに無謀な競争をし合うようになり、最後には必ず共倒れとなってしまうだろう。

およそ事業に着手しようというほどの人間は、まず静かに社会の大勢を判断して取りかからなければいけない。眼中に国家も社会もなく、ただ現在儲かりさえすればいいというような浅薄な考えから、根本的な調査もせず、長い目での社会の需要も考慮せず会社を興せば、その会社は当然ながら悲運に見舞われるのである。

〝小情〟をもって〝大義〟を誤らない

事業というものは、それを行なう人の覚悟いかんにあると思う。

私はかつて『義公叢書』という書物を読み、水戸義公（徳川光圀）が梶原景時の態度を評した言葉にきわめて感動したことがある。

『源平盛衰記』の中で、梶原景時は敵地に突っ込んで自分の子・景季《かげすえ》の危難を救ったが（一の谷二度駆けのくだり）、そのとき景時自身は、こう述べた。

「私が戦《いくさ》に勝って手柄を立てたのも、要するに子孫の繁栄をはかろうとしたからだ。自分の子どもの難を見たから自分の危険も顧みず敵地に進み入ったまでで、別にたいしたことではない」

だがこれを読んだ義公は、こんな意味のことを語っている。

「梶原の行ないは歴史上の美談として伝えられているが、私の評価で言えば、梶原景時の考えはいかにも卑劣で、ほとんど論じるに足りないものだと思う。だいたい戦に勝って手柄を立てるのは国のため、主君のためである。ところがそれを子孫繁栄のためだと述べるに至っては、まったく武士の本分を知らぬ者ではないか」

そして私はここで、義公が梶原を評した言葉をそのまま使って、現代の実業家への批判としたい。つまり、実業家の中でも軽佻浮薄で、ひたすら私利私欲のみに走る輩《やから》は、梶原と同じように、子孫の繁栄ばかりに目をやって国のためを考えない者である。

もちろん、自分の利益をはかるのは必ずしも責められるべきことではなく、ある意味から見ればむしろ当然と言える場合がないでもない。しかしながら、国民としての本分をないがしろにし、国家の利益と衝突するのを顧みずにただ自分の利益だけを追う者は、要するに梶原の卑しい心とどれほど違うところがあるだろうか。

国民としては国家があることを知り、人と生まれた以上は社会があることを知ってこそ、真に人生の意義に背かない行動ができる。逆に国家を忘れ社会を忘れてしまえば、もはや人間ではあっても獣とほとんど変わらないものだと思う。

もしものときの覚悟を決める

これも『義公叢書』にあった素晴らしい話だが、義公がまだ若い頃、父の頼房《よりふさ》公と問答したことがあった。

「もし私がお前と一緒に戦場に出た際、不幸にして手傷を負って倒れたならば、お前はさだめし親切に介抱してくれることであろうな」

頼房公がこう尋ねると、義公は居ずまいを正して次のように答えた。

「父上、私にはそれはできかねます。私は退却して傷に悩む父上を介抱するよりは、さらに前進して、父上を傷つけた敵を倒そうと努めます。そもそも戦場で敵と戦うのは、天下万民に代わって邪を討つことであり、これすなわち大義であります。したがって、父子の小情をもって大義を誤るような真似はしたくありません」

すると父・頼房公は、こう言って大いに喜んだという。

「いかにもあっぱれな覚悟だ。それでこそわが子として恥ずかしくないものだ」

少年時代からすでにこのような覚悟を抱いていた義公が、景時の考えを卑劣と評したのはまったく理の当然と言うべきであろう。

この例は戦国武士の覚悟ではあるけれども、それを現代の実業家の覚悟に移し変えても差し支えない。世に処して事をなそうとする者が、つねにこういう心がけを一番必要とするのである。

事業家の唯一の武器

今や実業界には、梶原の気持ちを持つ者が日々増えている半面、義公の覚悟を持つ者は日ごとに少なくなるばかりである。そして、梶原のような気持ちで事に当たる人と、義公のような覚悟で事に処する人とではその結果が異なり、それによって国家は害悪を被ったり、あるいは利益を得たりする。事業そのものには、別に国家的事業などと取り立てて呼べるようなものはない。強いて言えばすべての事業が国家のためになる。

このように事業に差別がないとすれば、それが国家のためになり社会の利益になるかどうかは、事業そのものよりも、むしろそれを運営する「人物」いかんにかかっている。事業家各自の心がけによるのである。

だから事業家たる者は、くれぐれも自重し、目をはっきり見開いて国家を考えるという心がけから一歩も踏み外さないように努力してもらいたい。

これが事業家にとっての唯一の武器であることを、私は信じて疑わないのである。

4　起業して成功するには

この四点をクリアする

一つの会社を興し、それを成功させようとするのは実に困難なことで、並々ならぬ決心と綿密周到な注意をもってかからなければならない。

ただし、その前提として、自分の企てつつある事業が、はたして可能なものか、それとも不可能なものかをまず考えてみる必要がある。

この問題を完全に解決しないで、無謀に事業を企てるならば、その会社はまことに危険千万のものと言わなければならない。

ところが世間には、現実的に到底不可能に属する類いの事業を企てて、平然としている者がある。これには驚かざるを得ない。こういう連中を真面目な企業家と同日に論ずべきでないことはもちろんである。

それでは、実行可能な事業なら何でもよいかと言うと、ここが企業家として最も考慮を必要とする点だと思う。

一例を挙げると、富士山頂に完全な旅館を建設しようという者があるとしても、それはけっして不可能なことではない。実行可能な事業である。だが、もし富士の山頂に旅館ができても、十分営業していく見込みがあるかどうかという点では、疑いなく失敗に終わるだろうと、誰でも直ちに見当がつく。

これは少し極端な例だが、実行可能であっても、それが必ずしも事業として成り立つものでないことを証明する役には立つと思う。

実業界というのは、まったくこれほどまでに複雑かつ面倒なものである。したがって、もしもある事業を企てようとする場合には細心精慮を払い、一つたりとも欠点がないことを期さなければならない。

そこで、企業に関して最も注意すべき要項について、今気づいたままを次に指摘して、それに説明を加えてみよう。

一、その事業がはたして成り立つかどうかを探究すること

二、個人を利すると同時に国家社会をも利する事業かどうかを知ること
三、その事業が時機に適しているかどうかを判断すること
四、事業が成り立ったその時点で、経営者に適当な人物がいるかどうかを考えること

この四箇条に照らして万全だとなれば、その事業はまず見込みがあると考えて差し支えなく、そこではじめて仕事に着手してもよいということになる。

一について——「長期的な視点」から検証する

さて、第一条件の「その事業がはたして成り立つかどうか」というのは、先に述べたように、とにかくその事業が実行可能だとしても、はたしてその先の見込みが十分立つかどうかということの研究である。言い換えれば、一歩進んだところの数字の問題である。

世間で俗に「勘定合って銭足らず」と言うように、数字上では十分に見込みはついていても、実際に始めてみると、はたしてそれだけの利益を収められるかどうかは疑問である。だから、十分な勝算も立たないのに漠然と「この事業は有望である」とか「世間の需要があるだろう」くらいに考え、このいわば「だろう勘定」で事を始めると十中八九は失敗を招くことになる。

企業家にとって、第一に心すべきは数字の観念であるから、それを一番綿密に計算して右から見ても左から見ても間違いはないというようにしなければならない。それが完全にできれば、この事業のまずだいたいの骨組みだけはでき上がった、と言ってよいのである。

二について──言行一致させる

次に「個人を利するると同時に国家社会をも利する事業かどうか」というのは、その事業を経営した結果が、自分だけの利益となるばかりでなく、同時に国家社会にも益をもたらすような仕事でなくてはならない、ということである。

これは世の実業家が口を開けば必ず言うことであるが、多くは言行不一致で、実際には自分の利益ばかりを計算して社会の公益は顧みない者がたくさんいる。これはまことに実業界のために嘆かわしいことであるとともに、われわれが最も考慮しなければいけない点だろうと思う。

自分の利益にばかり着目する事業は、たとえ一時順境に向かって隆昌を極めることがあるとしても、しまいには社会の信用を失墜して悲運に陥るときが来る。世間のいわゆる「虚業家」などはほとんどみなこの亜流である。そのほか、たとえば見本と実際の商品の品質とをごまかすというような類いは、一時は人の目をくらまして暴利をむさぼることができても、いつかはそれが発覚する時期がきて、必ず社会から葬られてしまうものである。

ところでそれとは正反対に、社会公益のためとあらば、自分の利益も何もまったく犠牲にしてかまわないというのは、いかにも理想としては立派なものに違いないが、実際の社会で事業をしようとするには、おそらく最善の策ではあるまい。なぜかと言えば、たとえ国家社会の公益になるとはいえ、永遠に収支が釣り合わないような事業はけっして成り立つものではないからである。

もっともこれが国家の事業であれば、解釈もおのずと別で、大局から計算してかかるため、目先に利益が見えなくても、それを成り立たせる方法はいくらでもあるだろう。しかしながら個人の事業の場合、それに伴う利益がない以上とても長続きしない。いかに理想は社会の公益を図ることにあるとしても、現実がそれについていけないものとなってしまう。

したがって、事業という以上は、自分の利益を守りながら同時に国家社会にも利益をもたらすものでなくてはいけないのである。

三について——国家レベルで「潮目」を読む

三つめの「その事業が時機に適しているかどうか」というのは、事業の性質上どれほど成り立つ見込みがつき、同時に公私の利益が十分に認められるとしても、もしその事業が時機に適さないものであれば成功の見込みはないということである。

よく世間では「機を見るに敏」と言うが、事業を興すに当たっても、これはやはり必要なことで、時機の善し悪しを十分に見抜いてかからなければ、時代の潮流のために圧倒されてしまう。そして事業における時機の適不適とは、もっぱら経済界の調子の善し悪しを指したもので、いかに有益で有利な事業だとしても、国家の経済が不振で世間一般が不景気の時代には、まずそれが成り立つ望みはない。

たとえば日露戦争後の日本の経済界は、古今未曾有の好景気で、事業熱もほとんどその頂点に達した。このような時代に世間の人は、とかく時流に乗じて実力以上のことにまで手を出したがるから、会社も雨後の筍《たけのこ》のように乱立した。

私が時機を見よと言うのはこの点を指したもので、何でもかまわず一時の景気に乗じて会社を興せばいい、と考えるのは大きな過ちなのである。あれほどの景気のあとにすぐ沈静化の時代がやってくると、一時の景気を利用して興した会社はすべて倒産したり、行き詰まりのありさまに陥ったりした。これは、事業家にとってはしっかり肝に銘ずべきまことに格好の教訓だったと思う。

いかに周囲の景気が沸き立っていても、それが一時のものか永久的なものかを判別してかかれば間違いはないはずである。企業家にとって時機というのは、けっして忘れてはならない問題である。

四について――「人は石垣、人は城」と心得る

最後に「事業が成り立ったその時点で、経営者に適当な人物がいるかどうか」という問題だが、これは言うまでもなく、どんな事業でも人物を得なければダメだ、ということを述べたものである。

すべて社会における諸事業は、何はさておき人物しだいだ。資本がいくら豊富でも、計画がいくら立派でも、それを経営する人間に適材が得られなければ、資本も計画も結局は無意味なものになってしまう。

たとえばここに精巧な機械があるとしても、それは自分で動いたりはせず、人力とか火力とかいう動力を加えなければ何の役にも立たない。事業の経営に適任者を得るというのは、ちょうど機械における動力のような関係である。しかも、人材を得ると得ないとでは、事業のうえから見て二重の損益がある。

適任者を得ない事業は、せっかく成り立っても最後には失敗する、というような悲運に陥る。ところが適任者を得た事業は、それまでの不成績を克服するだけでなく、さらにそれを隆運に転じてさえいける。事業が何よりも人物のいかんにかかっているということは、忘れてはならない要点である。

以上に述べてきたのは、事業を興そうと志す者がぜひとも心がけておくべき条件である。しかしながら、人間は万能ではない以上、どれほど緻密に考えたことでも、時に間違いがないとは断言できない。

たとえば、自分がこの人ならばと見込んだ人物でも、案外見当の外れることもある。また時機を見誤ったり、計画漏れが生じたりすることもあるから、絶対大丈夫と見込んだことでも時と場合によっては仕損じが出てくる。だから事業を興そうとする場合には、今述べた四点について、十分に熟慮してかかることを、くれぐれも忘れてはならないのである。

出資する側へ、警告！

さらに私は、事業を興す当人ではなく、その事業に加わる側の人に向かってひと言警告しておきたい。それは何かと言うと、ある事業に参加する際にはくれぐれも出資の限度をわきまえ、道徳心を大切にせよということである。

私はこれまでもよく人から推薦されて、事業の創立者やその委員になったことがある。だがそういう際でも、自分の資力以上に、あるいは身分不相応に過大な出資をしたことはけっしてなかった。

ところが世間の事業の協力者を見渡すと、私より資産は少ないと思われる人が、かえってはるかに多くの株を申し込んだりする。そんなとき私は、あの人はいつの間にこんな大資力をつくったのだろうかと疑ったものだ。

そしていざ払い込みをする段になると、先に千株、二千株を申し込んだ人が、実際には百株か二百株分の金しか払い込まないというありさまで、創立者側が実に迷惑することがたびたびあった。こういう人々の心中を考えてみれば、おそらくは会社の創設を機に権利株を売って私腹を肥やそうというのだろうけれど、それでは事業そのものに対する誠意がない。しかも最初から忠実さを欠いているのだから、国家社会のことを考えて、その事業に参画するというような意志はさらさらないのだろう。

なかにはそれほどの悪意などなく、払い込みはなんとかなるだろうくらいに考えて、たくさん申し込んでしまう者もいると思うが、それでは自分の分限を知らない人間だと言われても仕方がない。どちらにせよ道徳心の薄いことは争えない事実である。

およそ事業を興す場合に、協力者の不道徳、不信用ほど恐ろしいものはない。事業家個人のうえに迷惑が及ぶばかりでなく、その事業の進展にもかなりの渋滞を来してしまう。だからこのようなことは、事業家として一番用心しなければならないのである。

5 重役の心得

公私の区別をつけ、いつでも「腹を切れる」覚悟を持つ

一つの事業や会社を経営しようとするときには、その当事者たるものは、国務大臣が国民の信頼を負って政治に携わるほどの覚悟を持たなければならない。

たとえば、ある会社の重役が株主から選ばれて経営の任に当たる場合には、会社の重役としての名誉も会社の資産も、すべて多数の株主から自分に託されたものであるとの考えを持ち、自分の財産以上の注意を払って管理しなければならない。

しかしながら一方において、重役はつねに、会社の財産は他人のものであるということを深く念頭に置かなければならない。それは、経営に関してひとたび株主から不信任を受けた場合には、いつでも会社を去らなくてはならないからだ。

重役がその地位を保ち、職責をはたしているのは、ひとえに多くの株主の希望によるということが前提であるから、もし多数の人の信任を失った際には、いつでも潔くその職を去るのが当然である。

同時に重役は、いつも公私の区別をはっきりさせ、会社の仕事と一身上の事柄とがすぐ判別できるようにし、そこに私情や秘密がないよう心がけなくてはいけない。これが、多数の株主の信頼を負って任に当たる会社重役の、つねに心得るべき大切な条件だろうと思う。

ところが現代の実業界の傾向を見ると、ときどき悪徳重役のような連中が出てきて、多数の株主から託された資産をあたかも自分の占有物と心得、これを自分勝手に運用して私利を得ようとしたりする。そのため、会社の内部は一つの伏魔殿と化し、公私の区別もなく、秘密の活動が盛んに行なわれるようになっていく。実業界のためにはまことに嘆かわしい現象ではあるまいか。

つまらぬ秘密をつくらない

元来ビジネスは、政治などに比べれば、かえって秘密などなくても経営していけるはずのものだと思う。

ただし、事業の性質として幾分か秘密を守らなければならないことはある。

たとえば銀行では、誰にどれほどの貸し付けがあるとか、それに対してどういう抵当がついているとかということは、徳義上秘密にしておかなければならない。一般の商売でも、いかに正直が肝心だからとはいえ、この品物はいくらで買ったが、今この値段で売るからこれだけの利益があるというようなことを、わざわざ世間へ触れ回る必要もあるまい。

しかし、こうしたこと以外で、現在あるものをないと言い、ないものをあると言うように純然たる嘘をつくのは断じてよくない。だから正真正銘の商売には、秘密というようなことはまずないものと見てよいだろう。

それなのに実際の社会では、会社の中になくてもよいはずの秘密があったり、あってはならないところで内緒事が行なわれたりしている。これはいかなる理由からであろうか。私はこれを、重役に適任者が得られていない結果だと少しもためらわずに断言できる。

会社に秘密や私情がはびこるという禍根は、重役に適任者を得さえすればおのずと消えていくものだ。だが、適材を適所に使うというのはなかなか容易なことではなく、現在でも重役としての技量に欠けていながらその職にある者が少なくない。

たとえば、会社の取締役とか監査役などの名前を買うため、暇潰しの手段として名を連ねているだけのいわゆる「虚栄的重役」がいる。彼らの浅はかな考えは厭《いと》うべきものだけれど、その希望が小さいだけに、ひどい罪悪を振りまくというような心配はない。

“いい人だけど無能”

それからまた、好人物ではあるけれども、その代わりに事業経営の手腕のない者がいる。そういう重役には、部下の人柄の善悪を識別する能力もなく、帳簿を査察する眼識もない。だから知らず知らずのうちに部下が過失を犯し、自分からつくった罪ではなくても、最後には救いがたい窮地に陥らざるを得なくなる。

これはいずれも重役として故意に悪事を働いたわけでないことは明らかであるが、前者に比べるとやや罪は重い。

“有能だけど悪人”

「好人物だけど無能な彼ら」よりさらに一歩進んで、その会社を利用して自分の栄達をはかる踏み台にしようとか、利欲をはかる機関にしようとかという考えを持って重役となる者がある。これは実に許すべからざる罪悪である。

こういう連中は、株式の相場を釣り上げておかないと都合が悪いと言って、実際はありもしない利益をあるように見せかけ、虚偽の配当を行なって株主の目をごまかそうとする。これは明らかに詐欺行為である。しかも彼らの悪事の手段は、これくらいでは尽きない。極端な場合には、会社の金を流用して投機をやったり、自分の事業に投じたりする者まである。これではもはや窃盗と変わらない。

煎じ詰めればこの種の悪事も、その当人の道徳の修養が欠けているところから起きる弊害だ。もしもその重役が誠心誠意仕事に忠実であるならば、そんな悪事はやろうとしてもやれるものではない。

事業の経営に当たって私はつねに、その仕事が国家に必要なものであるように、また道理にかなうものにしていきたいと心がけてきた。たとえその事業が微々たるものであろうとも、そして自分の利益はきわめて少額であるとしても、国家から必要とされている事業を理にかなったやり方で経営しているとすれば、いつも楽しい心持ちで仕事に打ち込める。

一個人ではなく、多数の人々の利益を目指す

それから私は、事業とは一人の個人に利益を与えるのではなく、社会の多数の人々のためになるものでなくてはいけないと思い、社会の多数の人々に利益を与えるには、その事業が堅固に繁盛していく必要があることをつねに心に留めてきた。

福沢諭吉の言葉にこんな意味のことがあったと記憶している。

「書物を著わしても、それは多数の人が読むようなものでなくては効能が薄い。筆者はつねに自分のことよりも国家社会を利するという観念をもって筆を執らなければならない」

実業界にもこの理屈は当てはまるもので、社会に大きな益を与えないようでは正しい事業とは言えない。仮に一個人のみが大富豪になっても、社会の多くの人々がそのために貧困に陥るような事業であったならばどうだろうか。いかにその人が富を積んでも、そんな幸福は持続しないのではないだろうか。

だから私は、社会の多数の人々のために富を生み出す方法を講じなければダメだ、という意見を抱き、銀行業に身を委ねて以来、この気持ちは終始一貫して今日まで変わることがなかったつもりである。

国家を自分一個人の家にするというのは、まともな為政者のやるべきことではない。そ

んなことが起きたとすれば、いわゆる王道に背くものであるから、誰一人それを黙視してはおかないだろう。

事業を経営するうえでも、やはりそれと同じ考えがなければいけない。私は実業界に入ってからまだ一日もこの考えを失ったことはない。

現在の私は、第一銀行において相当の勢力と信用とを維持し、株も一番多く持っている。だからもし、自分がこの銀行を自由にしようと企てたなら、ある程度まではできなくもないと思う。

だが私は、明日この銀行の頭取を辞めさせられても差し支えないようにしている。つまり、第一銀行の業務と渋沢の私事とは塵《ちり》一つも混同せず、その間にはっきりした区別をつけてある。私には、自分の地位を利用して銀行の金で私利私欲をはかろうなどという気持ちは微塵もないし、ときには私財をはたいてまで銀行のために尽くし、その基礎が堅固であるように努力してきた。

以上が私の実際の経験談である。そして、もし一般の人々も私の説のように、社会の大勢の人間の富に留意することを立脚点として事業の経営に当たるならば、そこに大きな過ちの生じる余地はなくなるだろうと信じている。

6　目的を達するには

そもそも「目的」とは

人が世に立って社会のために努力するときには、理想があるはずである。その理想の中で最も適切なことを、こうしたいと立案するのが目的である。そしてこの目的を達成するには、強固な意志と完全な勉強とが必要である。

この目的達成ということについて、善悪や巧拙は別にして、一番わかりやすい私自身の経験をもとに説明してみたい。

私の最初の理想は、おこがましい話ではあるが、「幕政を腐敗させている日本の封建制度を打破して国力を挽回したい」というところにあった。自分たちの力でも時勢に適合すればこの理想が達せられるだろうと思い、その方面に身を投じたのであった。ふだんは親孝行と言われていた私も、この点では頑固に父と押し問答して夜を徹し、ついには家出までした。しかし実際には、私の目的だった倒幕の計画は失敗した。

あとになって考えると、私がその目的を実行したなら、自分の志は達成できたにせよ、私の身はそのときに滅びていたかもしれない。

目的が果たせなかったために、その後数十年間の長い生命を保つことができたが、どちらが幸福であったのか、実はわからないのである。

第一の目的が頓挫した後、私は偶然の機会から、当時は賢君の誉れが高かった一橋慶喜公に仕えることになった。時勢の変化に伴い、自分が最初に立てた目的を直接実行することはやめたが、実力のある一橋公についていれば、その理想も実現できるだろうと思ったのである。つまり、第一の目的をまったく捨てたのではなく、同じ方面に向かいながらその手段を変えただけなのだ。

ところが慶応二年（一八六六）の秋、慶喜公は徳川家を相続し将軍職を継いだ。これによって私の目的はまた頓挫してしまった。私の失望落胆は言葉では言い尽くせないほどだった。当時二十七、八の血気盛んな年齢だったから、倒幕の実力行使に出ようか、あるいは自殺しようかとまで思い詰めたのである。

そのとき突然、フランス行きの話が持ち上がった。慶喜公の実弟・民部《みんぶ》公子《こうし》（徳川昭《あき》武《たけ》）がパリの万国大博覧会に出席する際の随行を命じられたのである。しかも博覧会がすむと、公子とともにフランスに五年から七年くらい留学できるという。

私の目的はこのときから大いに変化した。それまでは、何か壮烈なことを行なって世に尽くしたいと考えていた。たとえ組織的に学問などしなくても、自分の知識が進んでいなくても、世間もまたそうなのだから、俺だって何かやれないことはないと思っていた。しかし、三たび目的を転じるとともに、私の考えも変わらざるを得なくなった。「自分は大いに学ばなくてはいけない」と痛感するに至ったのである。

以前の私は鎖国攘夷を主張し、外国を軽蔑していた。だが一橋家で兵法などを学んでいるうちに、西洋の学問にも耳を傾け、よいところは吸収しようという気持ちが起こった。西洋の科学的学問が必要だという思いが、私の頭に生まれてきたのだ。数年間フランスに留学してしっかり勉強できれば、自分も立派な人間になれるに違いない。そう思った私は、何としても西洋の学問を身につけようと決意したのである。

民部公子の一行は慶応三年一月にフランスに到着し、博覧会の視察をすませたあとヨーロッパを回り、十一月の末には住居を定め、教師を雇って語学の勉強を開始した。

ところが日本では政治の大激動が起こり、ついには幕府が崩壊したという報告が届いた。

たとえ本国の騒動のため送金がなくなったとしても、費用を節約して留学を続ける計画だったが、その後不幸なことに水戸の藩主が死去され、民部公子がその跡を相続することになった。そこで一行は明治元年十一月に帰国し、私の目的はまた遂げられなかった。

挫折ではなく、目的達成に必要なプロセス

帰国すると幕府は倒れ、慶喜公は静岡に蟄居《ちつきょ》しておられた。私はまったく世の中を味気なく思い、むしろ帰郷して元の農民になろうかとまで思ったほどである。

だが、そのとき私はこうも考えた。幕府が倒れた今後の日本においては、国民を富ますことが最も必要である。

ところが、今の日本には鉄道もなければ、商業も工業も見るべきものがない。国を富ますには、政治のほかに、農工商の発展をはからなければならない。

このようにあれこれ自問自答した末、私ははじめて、わが国の商工業のために働いてみようという気になった。フランスの経済がいちじるしく発展している様子を見て、わが国も今後列国と競争するには産業の発展をはかり、実業家の地位を向上させなくてはならないと痛感したのである。

明治二年の春、私の意見は慶喜公のいる静岡藩で採用され、商法会所という一種の会社

組織が設立された。私は頭取という名で経営上の主任となった。商法会所では商品を抵当に金を貸したり、資産家から預金を預かったりという民間の金融業務を行ない、肥料や米穀の売買でかなりの利益を収めた。

さて、商会の仕事は成功に向かいつつあり、私自身も大いに事業を発展させるつもりだったが、その年の暮れには新政府から民部省の役職に就くよう仰せつかった。そのときは一晩かけて大隈重信侯からもねんごろに説得され、今さら辞退もできないはめになって、結局民部省（後に大蔵省）の役人となり、せっかくの会社事業も中止してしまった。

私の第四の目的もこれでまた挫折したように見えるが、しかしこれは単に形式のうえだけのことで、実際には必ずしも目的を捨てたものとは言えない。民部省や大蔵省に入ったのも、経済発展の素地をつくるという目的があったためである。自分の目的を達成するのに必要な基礎を築いたのである。

その後私は、明治六年に役人を辞めて、直ちに第一国立銀行（現みずほ銀行）の創立に着手した。これは静岡時代における商業の振興という目的を継続したものであった。今日、この銀行は経営基盤も強固で商工業の発展にとっても有力な機関となっている。そして私としては、商業の進歩をはかるという目的の一部は達成できたと思っている。

今述べてきたように私は、これまでに五回、自分の目的を変えた。ただしこれは私が変えたのではなく、外部の事情によって変わったのである。

そして第一の時期と第二の時期とは、手段こそ違っているが、だいたいにおいては同じ目的に向かって進んでいた。

第四と第五の時期もまた同じ目的に向かって進んでいたし、その間には役所勤めもしたが、これもまた目的を達成するための手段にすぎなかったのである。

こうして私は、最後にはようやく自分の目的を幾分かはたしたと思う。

この「種」を植えなきゃ始まらない

人の目的というのは、容易に実現できることもあるが、多くはそうはいかない。私の体験から考えて、目的を達するための根本要素は「誠実」であると思っている。誠実はすべての人に必要であるが、目的を達成するうえにおいても、根本条件として欠くことのできない性質、心の種である。

手段・方法は、時流に合わせていろいろ変える

次に、時勢の変化に順応し人心の機微を察知することもまた必要である。世の中の進み具合を知らず、やってはならないことをやったり、進むべきときに進まなかったりすれば、いくら苦労しても成果は上がらない。

また、自分の目的とする仕事については完全な知識を身につけ、さらに目的に向かって努力することが必要なのは言うまでもない。人は縁の下の力持ちとなることを嫌いがちだが、進んでそうするくらいの決心で、朝に夕に力のあらんかぎりを尽くして勉強しなければ、到底目的は達成できるものではない。

本気なら、石の上にも十年の気概を

さらに、どんなに努力しても物事が思い通りに進まないと、愚痴をこぼしたり自暴自棄に陥ったりしやすいものだ。また長い間には怠け心が起こることもある。だが、一つの目標を達成するには、あくまでも忍耐することが必要だ。現に私も銀行の経営中には、渋沢は投機をやっているなどと悪口を言われた。自分の心にやましくなければ、なんと悪口を言われてもいいのだけれど、やはりそういうときにはじっと忍ぶ心が必要である。

私は五たび目的を変えたが、そこには一貫した関連性があった。しかも、それを通じて国の銀行業や商業の進歩発展に力を尽くせたのは、主として今述べたような努力の賜物だったと思うのである。

7　学がなくても稼ぐには

勇気、決断力を持つ

商人でも学問があるに越したことはないが、学問がないからと言って必ずしも悲観すべきではないと思う。

私の知っている人の中でも、学問はなかったけれども勇気、決断力、度胸という点が、普通の人より優れていたために成功者となった例はたくさんある。

たとえば古河財閥の基礎を固めた古河市兵衛は、あまり学問はなかったが、なかなかに勇気があり根気の強かった人である。自分の勤めていた小野組が破産した当時、ほとんど全財産を投げ出して債務処理を行なったことを見ても、彼がいかに勇気に満ちた人だったか証明できる。その後は、私や相馬家から十万円という出資を受けて、足尾銅山の経営に当たったが、はたせるかな彼の計画は的中して大きな成功を収め、私たちにも巨額の配当金をもたらしてくれたことを、今でもはっきり記憶している。まったくこういうことは、勇気がなければできる仕事ではない。

それから、三井の大番頭、三野村利左衛門などもやはり無学ではあったけれども、実に度胸がよく、しかも人物を見る眼を持っていた。また、「天下の糸平」として知られた田中平八もすこぶる勇気のあった人で、この人は生糸と相場で大きな富をつくった。

以上の三人はいずれも無学であったが、その勇気と度胸によって成功の栄冠を勝ち得たのである。

積極性を持つ

もう一人、大倉財閥の創設者である大倉鶴彦（喜八郎）氏について見ておきたい。

氏は上野戦争の際に彰義隊に捕らわれて、刀を抜いた武士の並ぶ前に呼びつけられ、

「お前が官軍のほうに鉄砲を売って彰義隊のほうに売らないのはどういうわけか」

と詰問された。だが、少しも恐れる気配なく堂々と次のように答弁したという。

「官軍だとか賊軍だとかいう区別は、さっぱり私にはわかりかねます。あなたたちのほう

へ参ればあっちが賊軍だと申されるし、あっちへ参ればあなた方を賊軍だと申すし、どちらが本当なのかわかりません。しかし、なぜ彰義隊に鉄砲を売らないのかとのお尋ねであれば、私はけっしてあなたのほうへ売らないとは申しません。金さえくだされればいくらでもお売りします。ただし、彰義隊は金払いが悪くて困ります。代金を今日やるとか明日やるとか言うが、いまだに頂いてはおりません。金さえ滞りなくお払いくだされば、私も商売ですからどんどん品物は差し上げます」

するとと相手の武士もものわかる人だったから、これを聞いてこう言ったそうである。

「そのほうはまことに面白い奴だ。金は滞りなく払うから、鉄砲五百挺を三日以内に上納せよ」

この場合、普通の人だったら歯の根も合わずに縮み上がったであろう。ところが大倉氏は、当時まだ青年でありながら、少しも臆することなく大胆に答弁した。当時は幕府の残党と官軍がぶつかり合い、殺気のみなぎっていたときだから、氏も、「どうせ命はない。臆病に構えていたところで助からない」と覚悟を決めていたのかもしれない。だが、もはや命はないと覚悟したことで、かえって多数の注文を取ることができたのも、大倉氏に勇気と落ち着きがあった賜物である。

このように、商人は正直であると同時に積極的でなくてはいけない。正当な道理があると思ったならば、ただ石橋を叩いて渡るというやり方ではなく、進んで新天地を開拓する勇気がなくてはいけない。

ただ、ひと言つけ加えたいのは、商人に勇気や度胸が必要であるのは明白だが、その勇気を自分だけの利益をはかるというご都合主義から割り出してはならない、ということである。時には不利益な立場に立っても、あくまで自分の面目を保つために奮起する必要があると思う。また、正当の道理に基づいた力でなければ、その勇気は勇気でなく、単なる乱暴になってしまうことも考えるべきだ。

体を鍛える

さらに、商人は健康でなくてはならない。体が弱く元気の足りない人は、自然と勇気も乏しくなり、活動も鈍っていくからである。だから私はつねづね、特に若い人たちに向かって、できるかぎり体を鍛えるように勧めているのである。

以上、私は勇気と健康の必要性を説いたが、最後に学問について、もうひと言触れておきたい。冒頭に挙げた幾人かの話は、きちんとした学問を受けていないからと言って、少しも恐れるに足りないという例を示したまでである。

学校で学問するだけが学問ではない。商品を仕入れること、商品を売ること、その他世の中のすべてのことが学問である。日進月歩の世の中で商売をしていこうという者にとって、こういう意味における学問がどれほど必要不可欠なものかは、あえて説明を加えなくても明らかであると思う。

第三章

どんどん仕事が面白くなる「人間関係の育て方」

◎配慮一つで、より快適に、すごい結果が出せる人らしく、親らしく、子らしく。
金持ちぶるな、学者ぶるな、才子ぶるな。
処世の要諦《ようてい》はこの「らしく」「ぶるな」の二語にある。
小成に安んじる者は鉢植えの松のごとく、
枝振りはよいが生気が少ない。

1　人を使うときの注意

部下や協力者に、どんな態度で接するか

人を使う者と人に使われる者との関係は、昔は君臣主従などと言われ、そこでは「愛情」が一番大切なものとされた。だが現在ではこの両者は、給料を仲立ちとした純然たる雇用・被雇用の間柄となり、かつての主従のような関係は薄らいでいる。

しかしながら、今日の会社などにおける上司部下の間に愛情がまったく要らないかと言えば、私は必ずしもそうはいかないだろう。たとえ給料目当てに勤務する者であっても、できることならあくまで広く愛し、厚く労をねぎらい、相手を自分の親戚や子弟のように遇し、その人の能力に応じて使い、道理を説いて心から自分の仕事に打ち込ませる。そして全員が力一杯働けるように心がけさせることが肝心である。

このようにして、使われる人の側にむら気を起こさせず、安心して勤めさせることができ

るならば、雇用者と被雇用者との関係はまことに理想的なものになるのではないだろうか。
もちろん数百人、数千人を使う大会社になると、なかなかそう思い通りにいくものではない。多人数を従わせるには、法律や規則の力に頼ることも必要だろう。だからと言って万事をそれに任せてしまっては、人を使う側と使われる側との関係をますます疎遠にするばかりだから、ここは慎重に考慮すべきである。

私はこの場合、百の規則、千の法律よりも「王道」が大切だと思う。王道とは、賢明な上役がただちに実行すべき道である。たとえば、自分の部下に愛情を抱き、まごころと思いやりをもって事に処するのがすなわち王道の実践である。

王道はまた、人を使う者だけでなく、人に使われる者の側にも存在する。自分はそれほど働かないのにたくさんの給料を要求するとか、同僚に働かせて自分は遊んでいるとかいうのは王道ではない。自分の責任を明らかにし、給料と仕事とが調和するように努めるのが、人に使われる側の王道の実践である。

どんな人物を選んでいるか

人を使う際に私は、なるべく忠実な者、才知は劣っていても誠意のある、朴訥でも間違った行ないをしない者を選ぶ主義である。

もちろん、忠実であると同時に学問や才知もある者を望むのは私一人ではないだろうが、そうまで完全な人物はなかなか得がたい。知のある者は忠実さに欠けるとか、誠意のある者は才知に乏しいとか、とかく一方に偏るものだ。そして私は、同じように欠点があるとしたらやはり、少しは知に欠けるところがあっても忠実な者を選ぶのである。

『論語』に、こうある。

「孝悌《こうてい》（父母に孝行を尽くし、目上の人によく仕えること）はそれ仁を為《な》すの本《もと》か」

これは、才知よりも目上の人間への忠実さを重んじなければならないと教えたものだ。

そしてこれは仕事のうえでも望まれる道なのである。

ただし、いくら忠実がよいからと言って、むやみに忠実ばかりを推賞すれば、人間に最も必要な知の働きを欠くようになる。だから知もけっしておろそかにしてはならない。つまり、忠実なうえに、なお知を磨かせるように心がけなければいけないのである。

自分が仕える際は「諦め」を持つ

それでは、人に使われる者の側では、どのような心がけを持つべきなのだろうか。

私はこの点での経験が少ないから、十分に説明することは難しい。けれども、孝悌と忠実の道を守るのは人間の常道であるから、やはりこの道に背かないようにしなくてはならないだろう。

水戸の義公（徳川光圀）の教訓の中に、こんな一句がある。

「主人と親は無理なるものと知れ」

これは、主人や親はいくら無理なことをしてもかまわないというのではなく、人に使われる者としては、それくらいの覚悟が必要だ、ということを教えたのだと思う。そしてそれだけの諦めを持っていれば、人に使われる者としては完全に近いと言えるだろう。

もちろん、古言にも、「良禽《きん》は木を択《えら》んで棲《す》む（賢人は賢主を選んで仕える）」とあるように、一度仕えた雇い主でも、心に合わないときは去っていく場合もある。雇われる側から言えば、この点も一つは心に留めておく必要がある。

ただし、人に使われている間は忠実と勤勉を主眼に置かなければ、雇い主から喜ばれることにはならない。ひと言で被雇用者と言っても、そこには年輩者もいれば青年もいるし、男も女もいるから、それぞれについていちいちその心がけを細かく論じることはできない。

だが、人に使われる者の一般的な心得としては、雇い主にできるだけ長く使いたいと思わせるように仕向けるのが何より大切である。

また青年などは、ともすれば、自分の仕事が多すぎるなどと不平を唱えがちだが、一番たくさん仕事を言いつけられる者が、結局は一番幸せを得るのだという気持ちを持たなくてはならない。

人を使う者に「愛情」が必要であるのと同時に、使われる側には「忠実な心」が欠かせない。こういう心をもって人に使われていれば、道を誤るようなことはないだろうと思う。

2　人に利用されるくらいの器になれ

道理にかなえば、利用されるのも一興！

私は、国家社会のためになることには及ばずながら力を尽くしてきたつもりであり、また今後も老体を引っさげて、できるだけ尽くそうと心がけている。そのため、これまでも多くの人にお目にかかってきたわけだ。

もちろんその相手が、表面上は私を尊敬しながら、実は私利私欲のためにこちらを利用しているのだとわかれば、私はその人を避ける。

利用されるのを知りつつそれに応じるのは、馬鹿にされたことになるし、それで平気でいるのは国家社会のためにもならないと思う。

けれどもなかには、一向宗の人が阿弥陀仏を信じ、そのご利益にあやかりたいというのと同じような意味で、私を訪ねて来てくれる人がいる。これも見ようによっては利用されていることになるのかもしれないが、それはやむを得ないことだと思うので、あまり避けないようにしている。相手が話をしたいと言えば会って言い分を聞き、こちらの意見も述べる。

また、ときには、渋沢という人間の思想に共鳴して私の意見を聞きにきた人から、話のついでに「そう言えばこんなことがある」と、頼み事をされる場合も少なくない。

こういう人たちも確かに私を利用するわけだが、そこには少しも悪気がないのだから、さほど咎めるには及ばないと思う。つまり、自分が利用されるからと言って、何でもそれを避けるというのは、あまりに潔癖すぎるし、あまりにも器量が小さすぎるのである。

ビジネスに応用できる、孟子流「水清ければ魚棲《す》まず」の教え

孟子はこんなことを言っている。

「伯夷《はくい》は聖の清なる者なり。伊尹《いいん》は聖の任なる者なり。柳下恵《りゅうかけい》は聖の和なる者なり。孔子は聖の時なる者なり」


周の伯夷は清廉潔白で、武王が道に背いて天下を取ったというので「周の粟《ぞく》を食《は》まず」と首陽山に隠れ、餓死した。それほどまでに曲がったことをいささかも許さない人だった。伊尹は任務に厳格な人で、主君の湯王太甲《たいこう》を、自らの過ちに気づかせるため国から追放してしまった。

柳下恵は、三度免職されても、自分は正しい行ないをしたのだから辱めを受けたわけではない、と言って魯の国を去らなかったほど穏やかな人であった。

この三人はいずれも聖人だが、ある一点を固く守って動かなかったという頑固さがあった。ところが孔子は、その時に臨み変化に応じて物事を処理し、しかも誤りがなかった。

孟子の言葉はそういう意味である。

物事はあまり清くてもいけない。水清ければ魚が棲まないようなものである。また、事に当たって自分の信じるところに従い、自ら責任をもってやるのはいいが、それがあまり

厳格すぎてもまずいし、と言ってあまり穏やかにすぎてもしまりがなくなるから、そのへんをよく考えなくてはいけないのである。

私は、三人の聖人のように自分が利用されることをあまり頑固に避けるより、利用のされ方が悪いものではなく、そこに悪意がなければ、少しくらいは他人に利用されてもいいと思う。ただし、純然たる私利私欲の道具に使われることだけは、絶対に避けるつもりである。

もっと大きなモノサシで自分を測れ！　たくましくいけ！

私はこれまで、人から利用されたことはいくらでもあるが、その腹いせに人の名誉を傷つけたり、人に迷惑をかけたりしたことはない。ある仕事を始めるために寄付金を募集するから、それに賛同してくれと言われて、その通りに寄付をしたことも多い。これも見方によっては他人から利用されているのかもしれない。だが、その仕事が有意義であり、国家社会の利益になるものなら、利用されても悪いとは思えない。

もっとも、その寄付金が正しく使われず、目的以外の方面に使われる場合がないでもない。たとえば、招待会の費用などになってしまうことがある。長い間にはこういう事態がないとも限らないが、それも不完全な人間の集まりの社会では仕方がないのだろう。

つねに人から利用されることを恐れて、あいつの素性はどうだとか、こいつは私を利用するつもりではないか、と他人に対して用心ばかりしていれば、確かに利用されることはないかもしれない。だが、そこまで人を恐れたり避けたりするには及ばない。そんなに自分の都合ばかり考えていては、団体生活をやめて山の中にでも入るか、人を見たら泥棒と思えという調子で生活するしかなくなる。

そして私は、「人を見たら泥棒と思え」というような心でいるのは、到底我慢できないのである。

3　人とつき合うとき、最強の武器となるもの

私が確信し、人にも勧めている人生最大の美徳

明治五年にはじめて国立銀行条例が発布されたとき、英蘭銀行のギルバルト氏が書いた『銀行員心得』を翻訳し、銀行規則に添えて出版した。心得の中身がどんなものだったか、

今でははっきり覚えていないが、次のような一文があったと記憶している。

「銀行員は丁寧に、そして遅滞のないように事務を処理しなければならない。銀行としては公平と親切をもって人を安心させなければならない。銀行業者は、わずかばかりの利益のみを争うのでなく、時事に精通して、つねに世の中の変遷を観察し、これに対応していく心構えを持たなければならない」

そして私は、実に四十年来、この精神を抱いて銀行の経営に当たってきたのである。


一般に、仕事を処理するに当たって、迅速を尊べばおのずと粗末になりやすく、丁寧を旨とすれば遅れがちになる。粗末も悪いが、遅れがちになるのも避けなくてはいけない。それと同時に私は、処世上では「親切」というものが一番必要であると信じ、どんなことでも「親切」の力に頼らなければならないと考えて、その点にできるかぎり注意を払っている。

もちろん広い世間には、丁寧や親切でなくても成功する者がいるかもしれないが、たぶんそれは特殊な例外と言えるだろう。

私は人生にとって「親切」が最大の美徳だと信じるから、ふだんでもそれについてもっぱら心を配っているわけである。

それは、必ず自分に返ってくる

私にはこの四十年で、忘れられないほどの感銘を受けた親切な先輩が二人いる。一人は井上馨侯、もう一人は伊藤博文公であった。

井上侯は私が大蔵省に勤めていた頃からの先輩で、今日まで交際を続けている。侯からは時にはずいぶん筋違いな小言を頂戴することもあるが、その誠心誠意の親切には、いつの間にか心服させられ、身に染みて感謝することも多い。

その一つが、明治六年に私が、第一銀行を創立したときのことである。

銀行の資本金はそのときは二百五十万円で、主だった株主は三井組、小野組、島田組の三者で、三井組も小野組もその持ち株はおのおの百万円分だった。その頃の小野組の勢力は素晴らしく、実力に比べてそのやり方がずいぶん派手で、事業は非常に拡大されていたから、第一銀行もこれを信用して貸付金が百数十万円の巨額に達していたこともあった。

ところが明治七年の十月頃だったと思う。たいへんな情報が私の耳に入った。

それは小野組の破産問題である。当時、世間はそのことを知らなかったが、小野組が勢いに乗じて手を広げすぎたため財政運営が困難となり、破産する以外に策がないという話がいち早く私の耳に入ったのである。

これを聞いた私は非常に苦しんだ。銀行からの貸付金を容赦なく取り立てればいいことはわかっていたが、それを断行すれば小野組の破産は早まってしまう。それはあまりにも酷で、自分にはできない。だからと言ってこのまま放置しておけば、小野組の破産とともに、せっかく苦労して軌道に乗せた銀行も倒産してしまう。私はわずか五、六万円の株主だから一身上に及ぶ損失はともかく、生涯の仕事と決めた銀行をここで潰してしまうのはいかにも残念だ。どうしたものかと三井の人々とも相談してはみたが、やはり妙案や奇策も浮かばない。私は板挟みにあって毎日思案に暮れていた。

するとある日、井上侯が突然兜町のわが家を訪ねてきて、一緒に飯を食いに行かないかと誘った。誘われるまま何の気なしに料理屋へ行って、よもやま話をしながら夕飯を食べ終わったとき、侯は膝を進めてこんな話をした。

「時に小野組がだいぶ危ない様子だが、銀行から貸し出してある金については、いったいどういう処置を取るつもりなのか。これは君の前途に関係するばかりでなく、経済界全体にとっても心配なことで、創立したばかりの銀行がうまくいくかいかないかは、今後新たに事業を興そうとする者にも大きな影響を来《きた》す。実はこの点について君の考えを聞きたかったのだが、他人のいるところでは話しにくいだろうから、わざわざここまで来てもらったのだ」

これは私にはまったく思いもよらないことで、それ以前にも小野組の件については多少話をしてはいたものの、侯がこれほどまでに心配してくれるとは考えてもいなかった。それも一時の気休めやお世辞ではなく、心底私のためを思ってくれている。こちらもその親切な心に動かされ、これまで小野組に対してはとかくためらいがちだったが、ようやく決断することができた。

そこで私は侯に向かって、「実はこのように処理しようという計画を立てていました」と詳細な善後策を説明し、「この点は小野組とは相談がまとまっていますが、まだ三井組との交渉ができていません」と言った。

すると侯は、「よろしい、三井家のほうは私から話してやろう」と請け合ってくれた。お蔭でこの事後処理も予定通りに完了し、百数十万円もあった貸付金に対してわずか一、二万円ばかりの損失でこの難関を切り抜けることができた。

もしこのときに井上侯の親切な言葉がなかったならば、第一銀行は今日どうなっていたかわからない。当時のことを顧みるたびに、あの難局を無事に切り抜けられたのはまことに侯のお蔭だと思い、ますますその親切心に感謝している。今でもときどき侯にその話をすると、「そんなことがあったかね」と笑っておられる。

“地獄に仏”の心くばり——親切心からの忠告には、素直に従え

また、今思い出してもたまらなく恥ずかしいのは、故人となられた伊藤博文公から忠告されたひと言である。

それは共同運輸会社と三菱汽船会社とが激烈な競争をしていた頃のことだ。

私は共同運輸会社の創立のときから相談役になっていたが、当時は三菱のやり方が横暴すぎるというので、運輸会社の人々は非常に憤慨していた。そして担当の大臣にその事情を話し、なんとか制裁を加えてもらおうということになったが、会社の中にはその役目をはたすのに適当な人がいなかった。

そのため私は、それまで官職についていたから役人に知己も多いというので、ぜひその役目に当たってほしいと申し込まれた。そこで私は会社の人々の意向を聞いたうえで、伊藤公を訪れることにした。

公に会見すると、私はまず会社の人から聞いてきた種々の事柄を並べ立て、三菱汽船会社のやり方を非難攻撃した。伊藤公は、私の話にはひと言も口を挟まず、こちらが言うだ

けのことをすっかり言い終わると、やがて居ずまいを正してこう忠告した。

「渋沢君はどうも奇妙なことを言う。自分のよい点を言うのはまあ許せるとしても、それを証拠立てるために他人の悪事を挙げるというのは君子のやるべきことではない。実に卑怯なやり方だ。こういうことはお互いに慎みたいものである。まして君などは実業界からも立派な人物だと見なされているし、またおそらく君自身もそう思っているに違いない。そういう君からしてそんなことを言うようでは、実に困るではないか」

私はこの言葉を聞いたとき、ほとんど穴へでも入りたいくらいに思い、顔を上げることができなかった。もとより私はそんなつもりで話をしたわけではなかったが、言われてみるとこちらの言い分が悪かったとはじめて悟った。

それ以来、私は自分の言動に少なからず注意を払うようになった。後になって思い巡らせば、公のこのときの忠言は私の精神修養にとって最も影響のあるひと言であり、今もなお深く感謝している。

世間には、ややもすれば他人の親切心からの忠告を聞こうとしない者がいる。「忠言耳に逆らう」と古人が言うように、他人の忠告を受け入れるというのはなかなか難しいことである。だが、井上侯や伊藤公のような親切を基礎とした忠言は、終生忘れることができない。人の忠告を受け入れてその身を全うした例は今も昔もたくさんあるし、身を立てるうえでも世に処するうえでも、この点は心の習慣としておかなければいけないと思う。

4 「今どきの若い者は……」――この批判は正しいのか

バックグラウンドを考慮せずに批判する愚かさ

今日、人生の先輩と見なされるような人々は、口を開けば必ず、今と昔の学生気質の違いをうんぬんする。そして誰もが明治維新前と今とを比較して、「今日の学生は一般に気力が衰えた」「活気に乏しい」「豪放の気風が失われた」「敵愾心《てきがいしん》が薄らいだ」などと批評する。

けれどもこの批評は、今の学生にとって正しいものだろうか。はたして的を射ているだろうか。私の考えでは、必ずしもそうとばかりは言えないように思う。

およそ古今の歴史を見れば、その時代によって素晴らしい人物が出ることもあり、また人物の出方が変わる。ときには進歩的な人物がしきりに出ることもあれば、逆に保守的な人物ばかり出ることもある。

要するにこれは、時代の機運の移り変わりが人の心に影響を及ぼし、その結果、人の心が自然とその時代に伴って変化してきたためだろう。

そしてこういう事実は昔から日本にもたくさんあったことで、手近な一例を挙げれば、元亀・天正年間（一五七〇年〜九二年）と元禄・亨保年間（一六八八年〜一七三六年）の人心の違いなどは、明らかにこれを証明している。元亀・天正の頃は群雄割拠の戦国時代であったから、人々は武芸を重んじ勇猛の気風に傾いて、世の中にはやたらに殺伐とした風潮が吹き荒れていた。ところが元禄・亨保年間に至っては、まったく逆に、人は文芸を事とし、その心もおのずと柔弱で贅沢になっていた。

今日の時代もまたそれに似ている。つまり、人々に勇敢や豪放の気風を授けたのは、多くが維新前の話で、沈着な態度や細かな配慮を持つ者の多いのが、今日の時代である。このように昔と今とでは時勢が変化しているのだから、学生の気質が同時に異なってくるのもむしろ当然のことだろう。

「新しい世代《ニュータイプ》」は、次の時代にふさわしい資質を備えている

学生の気質が時代の変化と同時に異なってくることについて、先の説明は実に大ざっぱな論であるので、さらに一歩進んで説明してみたい。

世の中のことはすべて、目的が何であるかによって、その形に変化を引き起こすのである。人は、希望が何であるかによって、自然とそこに種々多様な違いを生じる。

たとえば、自分は将来こうありたい、こうなってみたい、という考えを抱くにつれて、日常の行ないにも違いを生じ、性格にも変化を来すことになる。

同じ学生でも、維新前の学生と今日の学生とでは、その内容に大きな差があった。以前の学生の将来の目的や希望は、みな一様に、「国を治め天下を平らげる」というところにあった。多少なりとも国家の前途を考える者には、即座に社会の欠点が見え、いつの間にかそれに対する不平不満の心が起こり、その心が一歩一歩と進みゆくにつれて、当人の目的も向上していく。そして、少数の人間が悪政を行なっているのは許せないというわけで、学生は十人が十人まで自分が天下を双肩に担って立つつもりでいたのだ。だから彼らは気概もあり、活気もあった。

ところが今日の世は、まったくそれとは違う。維新前が狂乱怒濤のような時代なら、今

は静かな海のような時代である。だから学生も天下の問題に没頭する必要がなく、主として文学や法律、商工業、各種の科学を研究していれば、それで事足りる時世になっている。したがってその学ぶ科目に感化を受けて、彼らは実に沈着で細かい点まで注意が及ぶ気風を生じるに至った。だから、この二者を比較して、昔の学生は気概があったが、今の学生は柔弱になったなどと批判する者は、いわゆるその根本の違いを見ないで同じ結果を求めているのだと言ってよいだろう。

私の子どもも、現に大学と高等学校へ通学している。そしてこの身近な例から学生気質を探ってみると、私の学生時代の気風と子どもたちの気風とはまったく違っていて、世間の言うように敵愾心《てきがいしん》も気力もないように見える。私たちの学生時代には意気が盛んだったが、今日の学生はその足元にも及ばない点がある。

しかしながら、昔と今とは学生そのものの目的が相違し、行動を異にしているから、現在の学生の気質が必ずしも悪いとは言えない。

今日、国の行く末を案じる人々が、見た目だけで現在の学生の気質を論じ、「今の学生は昔の学生より劣っている」と即座に結論を下すのは、はなはだ道理に合わないのではないだろうか。

私には、昔と今とを比べて、学生の質が必ずしも劣っているとは思えない。そればかりでなく、今日の学生が、思慮のない先輩のために、とかくそのような批判を受けることに対して、むしろ気の毒だと思って同情の念を禁じ得ないのである。

5　世代の違いを超えて、先輩・後輩がうまくやっていくには

この繰り返しが人類の発展を支えてきた

日一日と移り変わり、少しもとどまることのないこの世の中では、いつしか子どもが壮年に、壮年が老人となって、来る年ごとに同じことを繰り返している。人間が生まれて以来、何回この同じ作用を続けてきたかわからない。

地理学者の説によれば、アメリカのソルトレークが蒸発作用によってあれだけの濃度の塩水湖になるには二十五万年の歳月を要したという。また、グランドキャニオンの両岸は深い谷になっているが、これは高台の平原を流れていた水流の浸食作用によって、しだい

に下へ下へと食い込み、今日の大渓谷となったもので、やはり五万年の歳月を経ているということである。

これは世の中の事物が、多くの年月を経る間に不思議な変遷をしていくという例であり、人間の場合もそれは同じだ。歴史がつくられてからすでに四、五千年を経ているくらいだから、人類の生まれたのが何万年前であったかはわからない。

しかしながら、人間のいるところには必ず先輩と後輩があるはずで、それはたとえば一日のうちに朝と夕とがあるようなものである。そして人間は何万年も前からこの先輩と後輩との関係を繰り返して今日に至った。言い換えれば人間の歴史は、老人が死んでは若い者が老人になる、という作用を順繰りに繰り返してきたにすぎない。

そしてできることなら、先輩は幾分かずつ後輩に劣るようになりたいものだ。つまり、社会の現象として、いわば親より立派な子が生まれるようになることを私は望む。

平均すれば、後輩のほうが優れているもの

現に今日では、後輩が先輩を凌駕《りょうが》していると言って差し支えないだろう。なぜなら今日の社会では、これまでわが国にあったもの一切に飽き足らず、諸外国より輸入したもののほうが優れていると見なす傾向にあるから、後輩のほうが広くかつ詳細に事物を知ること

になるわけである。

先輩は、悲しいことに今日のような繁栄した時代に生まれ合わせなかったため、その知識は狭く、かつ粗雑である。ゆえに私は、現代においては先輩よりも後輩のほうが優れていると判断するしだいである。

ところが、ある学生の集まりに出席したとき、学生たちは異口同音にこの私の説にこう反論した。

「なるほど今日の後輩には、昔の教育が不完全だった時代に育った先輩より優れた点があるかもしれない。しかし後輩が先輩に及ばない点もかなりあるのだから、必ずしも今日の先輩が後輩に劣っているとは言えないのではないか」

けれども私はそうは思わないから、次のように語った。

「それは君たちの考え違いである。君たちは、昔の数名ないしは十数名の大人物に比べて今日の後輩が劣っているという議論だからいけない。もしも今日の人間をその当時の普通人と対比させたらどうだろうか。必ず先輩が劣り、後輩が優れていることに気づくだろう。およそいつの時代を問わず、その時代の代表的人物を引き合いに出して、これを他の一般の人と比較すれば、必ず代表的人物のほうが偉大に見えるに違いない。だが世の中には、代表的人物はきわめて少数で、普通人が大多数を占めていることを忘れてはならない。この道理から考えれば、今日の人は昔の人に比べて大いに進んでいると言えるではないか」

そして私は本心から、先輩より後輩のほうがしだいに優れた人間になっていってほしい、と希望している。もしこれが反対になってしまえばどうだろう。社会の進歩発展はけっして望まれないのではなかろうか。

序列を重んじつつ、先輩に優《まさ》る人物になることを目指す

すべて一国の運命が人によって決まるというのは、争えない事実である。人物のいかんによって、せっかく発達しかけた国家も衰退し、逆に未開国も文明国の列に加わることができる。

だから先輩も後輩もともに、国家の消長はひとえに人物にあることを忘れず、それぞれの責任をはたしてもらいたい。つまり、先輩はよく後輩を指導援助し、後輩のほうは先輩より優れた人となってその跡を継ぐようになってほしい。

そうしてだんだん後輩が先輩より勝っていくならば、国家社会はおのずから富み栄えるようになるだろう。

先輩とか後輩とは、けっして社会に傑出した人たちの関係だけを指しているのではない。

各種の階層や各種の職業を通じて年寄りと若者がいるはずで、その両者の間に先輩と後輩の区別を設けている。だから政界には政界の先輩があり、実業界には実業界の先輩があり、学者は学者、技術家は技術家でそれぞれ先輩がいるわけである。

ただし、分野は違っていても、精神的には誰もが一貫した方針を持たなければならない。人間たる以上、一つの主義、心の習慣を持たなくてはならない。この方針、主義、心の習慣がいわゆる「人道」である。

この人道が完全でなかったら、先輩が後輩を指導していくこともできなくなる。なぜなら人はみな、人道を重んじ、年上と年下の序列を忘れず、自分の仕事を誠心誠意はたしてこそ、はじめて円満平和に暮らしていけるからだ。

もし、先輩と後輩同士が互いに憎み合い退け合い、一方は導くことをせず、一方は従順な心がなかったならば、先輩後輩の関係はまったくその意味を失い、価値をなくしてしまうのではないだろうか。

先輩と後輩の間を取り仕切り、秩序を乱さないようにしていくためには、人道を重視する以外に方法はないのである。

6　子どもたちに対して

「でもしか教員」のもとで、どんな子どもが育つのか？

私は今日の教育について残念に思うことがある。

第一は、「公立と私学とを問わず、一般の傾向として、学問が精神的方面に欠けているということ」。第二は、「その学問の範囲が拡大されたためか、教育の任に適した人材が得られていないということ」である。

第一の精神的方面に欠けているということは、今日、多少なりとも心ある人が口を揃えて心配する点である。今日の教育は、主として知識のみに傾いている。これを、精神に重きが置かれ、知識はほとんど添え物とされてきた昔の時代と比べれば、知識のほうは非常に進歩を遂げているに違いないが、精神はそれと反対に退歩しているように思われる。

それから第二の、教育者に人材が得られていないという点も、あながち私一人の感想ではない。明治維新前はほとんど漢学の時代だったから、数百年の間の積み重ねの結果、教育に当たる人は精神面でも学問の面でも立派で、多くの場合は、人の師匠として恥ずかしくない人が教師となった。

ところが維新後、いっぺんに西欧の文明が輸入された結果、学問の範囲も非常に広くなった。学習時間が短いにもかかわらず、学ぶべき科目が多いから、教員を養成する期間もなく、したがって一般に教員がよくない。維新以前の教師に比較すると、いわゆる「でもしか教員」というような人が多くなった。しかもその学問は、右から左へ口移しにするというようなやり方がまかり通っており、こんなことでは教育の効果が上がるものではないと思う。学問の範囲が広くなれば、いきおいその中身が雑になるばかりでなく、教員に人の師匠となる精神も欠けてくる。これが大きな欠点ではなかろうか。

生活のために教育者となること自体に異議はないとしても、教育者と名乗る人なら、少なくとも学識に伴うくらいの人格を備えていなければならない。それでこそ教育の本意に沿うような訓導者と呼ぶことができる。

ところが、教育者たるものが教育の切り売りをし、精神面の教育については、ほとんどわれ関せずという態度を取るに至っては、はなはだしい弊害と言わなければならない。「源濁れば水澄まず」の格言のように、こんな教師から影響を受けた生徒こそ災難で、これでは善良な人物のでき上がるはずがないと思う。

教師の質をさらに高めるのが急務

以上に述べたように、今日の教育においては多くの場合、師弟の感化と言われるものがほとんどなくなった。師弟はまるで行きずりの人のように、道で出会ってもお互いに顔を背けて通るといったありさまだ。教師のほうは、生活のために学問を切り売りするのだと考え、生徒の側も、月謝を出した報酬として、口移しの学問を学ぶのだというような思いを抱き、双方の間に昔のような深い心の交流はなくなった。

とはいえ私は、けっして悪意をもって今日の教育家全体を罵倒するつもりはない。しかも数ある学校の中には、立派な教師と呼べる人もかなり見受けられる。こういう学校の師弟の間には、昔のような素晴らしい関係が結ばれ、その教師のような人間になりたいと願って勉学に励む生徒も多い。だが、もしその教師がいなくなれば、こういう素晴らしい校風も衰えざるを得ない、と思われるのである。

このような現状では、どうして生徒を心服させることができるだろう。生徒は教師をまるで友人か何かのように考え、その欠点をとらえては批判し、習癖を見つけてはそれを真似する。ひどいときには、頭から教師を馬鹿にしてかかっている者すらいる。

そんなわけで、教師は教師で威厳のひとかけらもなく、生徒は生徒で教師に服従することを知らない。これではたして理想の教育ができるのだろうか。生徒は教師の人格に心服し、教師は生徒を自分の子どものように考え、両者の間に深い心の交流があってはじめて真の教育が実現する。

ところが今日の教師は、自分の知っていることを生徒に教えてやればそれでいいというありさまだから、師弟の交流も何もない。ただ、教える人と教えられる人という立場の差があるだけだ。

私はこういう弊害を見てまったく困ったものだと思う。どうやってこの弊害を改めたらいいのか、その方法についてはいまだ十分に考えていないが、このまま放置していい問題ではない、ということだけははっきり断言できるのである。

子弟に心底尊敬され、圧倒的な感化力を得るには

昔の漢学者たちの師弟の関係は、実に美しいものであった。弟子はその師を父のように

思い、何から何まで指導に従っていたし、今日の学生のように師を批判するとか反抗するとかという態度は微塵もなかった。

ただし、弟子がそこまでになるのは、やはりその師匠が偉かった証拠で、よほど人格が優れていなければなかなかできないことである。師匠が弟子をわが子のように見ていたからこそ、弟子も師に対して父を慕うほどの情愛を抱くようになったのだ。今の多くの教師が、衣食のために学問の切り売りをするようなやり方とはまったく違って、昔の師匠は、父が自分の子の一挙一動によく注意し、心を込めて訓戒するのと同じ気持ちで弟子を見ていた。

師弟の心の交流が深かった例はいくらでもあるが、なかでも熊沢蕃山が中江藤樹のもとで学ぼうと志し、三日間絶食しながら師の門前に座って動かなかったという話はよく知られた美談である。

蕃山は、なかなか他人に膝を屈する人ではないように思われる。それほどの人物でいながら藤樹の教えを受けようとしたのは、何よりも師を慕う気持ちが強かったからにほかならない。また、新井白石は木下順庵のもとで学んだが、後年あれだけの学識と卓見を持ち、あれだけの地位を得たにもかかわらず、師・順庵のことは死ぬまで褒め通していた。

藤樹にせよ順庵にせよ、古風な漢学の先生で、世界のことはどちらかと言えばあまり知らない人であった。それでも弟子への感化という点では、これほどまでに大きな力を発揮したのである。

この点について、宇宙のあらゆることを広く知っている今日の先生方はどんな感想を抱くだろうか。もっとも、今日のような教師は、学生にはむしろ深く感化を及ぼさないほうがいいのかもしれない。もしも学生がすんなりと先生の流儀を真似たら、その結果はかえってとんでもないものになってしまうであろう。

7 自分という人間の価値をアピールする最強の方法

けっして功を焦らない

現代の青年は私たちの青年時代と違って、一般に利口で目先が利くようになった。だが半面では、多くの短所もあり弊害もある。

利口になった現代の青年は、あまりに功を急ぎすぎるきらいがある。どうにかして早く世に知られようと焦りすぎるようである。そのためには自己宣伝もし、機会のあるごとに自分を偉く見せようとする。

その一方で、最も大切な自己修養を忘れてしまう傾向がある。これは現代一般の通弊だが、特に前途ある青年が功を焦りすぎるのは絶対に慎むべきである。修養を怠りながらいたずらに功を急ぐのは、たとえば商品の質はさておいて、派手に広告を行なって人にその存在を認めさせようとするのと同じだ。

派手な自己宣伝は中身の薄さを際立たせる

現代はすべてが広告の世の中である。広告が上手であれば商品が売れる。ことに化粧品や薬などは、実質よりも広告で売っている。

だが、人間が世に立つというのは商品を売るのとは全然わけが違うのである。それなのに現代の青年は実質を第二に置き、修養を怠り、いたずらに声を張り上げて名を売り、地位を得ようとする困った傾向がある。これでは化粧品や薬となんら変わりがないのではあるまいか。

いつも修養に心がけ、人間としての内容の充実、実質の完成に努力していれば、いつか必ず自分を最も有効に役立てられるときがくる。

進んで知ったかぶりをし、自分を偉く見せようとする者は、本人としてはそれが早く出世するための道だと信じているのかもしれない。だが第三者の公平な目からすれば、軽薄で奥行きのない人間と見られ、信頼して仕事を任せられない人間だと思われるにすぎない。

これに対して平素から修養に心がけている人間は、いついかなるときでも狼狽したりせず、第三者にも本当に価値のある人間だということがわかるのである。


『史記』には、こう書いてある。

「夫《そ》れ賢士の世に処《お》るや、譬《たと》えば錐の嚢《のう》中に処るが若《ごと》し（才能のある人が世の中にいるのは、ちょうど袋の中に錐が入っているようなものである）」

袋の中の錐は上から押されるとその先端が現われるように、実質の備わっている人も、何か事があれば必ずその才能が現われる。だから、自分の力と不相応に功を急ぐと、かえって将来の栄達を妨げ、挫折をもたらす原因になることを、深く反省すべきである。

謙譲の美徳のすごさ

私たちの青年時代には漢学が盛んだったが、その教訓の中に謙譲の美徳というのがある。

私などは謙譲というのはいつの時代にも必要だと思っているが、今日の世の中を見るとどうもこの美徳を重んじないようである。こういう傾向は、物質文明の発達に伴って人情が軽薄となり、他人を排除しても自分さえ都合がよければそれでよい、という利己心から生まれたものにほかならない。

青年の間には自己満足の発想がみなぎっているようだが、この考えからすれば、謙譲とか謙遜とかいうことは時代遅れの思想と映るだろう。しかしながら、謙譲はけっして時代遅れでもなければ間違った教えでもない。実社会の中で他人と協調し信用を得ていくには、どうしても必要な教訓である。

ただし、謙譲と卑屈とはややもすれば混同しやすいから、よく注意しなければならない。謙譲とはわかりやすく言えば、でしゃばらないことである。

早く世に知られたいために自己宣伝をするのは、謙遜の美徳を傷つけるものである。だからと言って、必要な場合にも知っていることを押し隠して、知らないそぶりを装うのは謙遜ではない。これは謙譲のはき違いで、むしろ卑屈の部類に属する。ふだんはけっしてでしゃばらず自分を厳格に抑えていても、必要なときには自分の信じるところを明確に発表するのが、真の謙譲である。

先人の教訓を取り入れる

また、現代の青年はよく、「老人の言うことは古くさい。時代遅れだ」と排斥する傾向がある。しかし、これは大きな間違いである。時代の推移によって思想もまた移り変わるのは当然だが、倫理や道徳は水の流れのようにそう簡単に動くものではない。

私は長年、孔子の教えを処世の生きた教訓として守ってきた。なにぶん二千数百年前の教訓だから、その一言一句がことごとく現代に当てはまるわけではないが、その精神はいつの時代でも人間生活の根本とするのに十分なほど立派なものである。

お互いに、ひたすら旧習を守って時代に遅れるような真似はやめたいが、さりとて何でも新しければよいという間違った考えで、新奇なものをよく嚙んで消化することもせず、そのまま取り入れるのは絶対に慎まなければいけない。

私は、活力が一番旺盛な青年および壮年の人々に最も望みを託している。すべての仕事は、活気にあふれ元気潑剌《はつらつ》とした人々が中心になって行なうべきである。

しかしながら、先輩を無視するのはよくない。将来があり前途洋々とした人々に比べれば、確かに老年者には未来がないけれども、その代わりに多くの実地経験を積んでいる。

この実際の経験は、成功と失敗とにかかわらず後進者には生きた教訓であり、金銭では得られない尊い宝である。だから先輩を重んじ、努めてその意見や経験を聞き、それを参考資料としてよく消化し、仕事の際にも周到な用意をし、先人の失敗を繰り返さないよう心がけるべきである。

「空想」ではなく理想に向けて邁進する

それから現代の青年は、ややもすれば「空想」に走りすぎる傾向がある。「理想」はよいが、「空想」に走るのは大いに慎むべきだ。

人間に「理想」がなかったら、その人は単に生きるために働いているにすぎなくなる。それでは人間としての価値がないと言っても過言ではない。ことに青年に理想がなかったら、青年としての存在意義をなさない。高遠な理想を抱くのは大いに結構なことなのだが、一歩誤ってそれが空想の域に入ると、かえって処世の妨げとなってしまうのである。だからくれぐれも空想と理想を間違えず、遠大な理想を立ててそれに向かって邁進してもらいたい。

ただし、ここで注意すべき点がある。

理想と実際とは必ずしも一致するわけではないから、もし理想が実現できなくてもけっして失望落胆せず、いっそうの勇気を奮い起こして事に当たる覚悟を持つべきだ。青年時代は思想が動揺しやすい最も危険な時代である。自暴自棄に陥るようなことがあっては一生を誤ってしまう。

とはいえ、平素から修養を積み、心の習慣にしておけば、どんな場合にも人生の方針を見失うことはない。だからこそ、修養は処世の第一の必須条件であることを心に銘記してほしい。

第四章

一流の仕事をする人の、創造的「日常生活」

◎やる気もアイデアも、こんな習慣から生まれる！

牛蒡《ごぼう》は牛蒡、人参《にんじん》は人参で、大根にも蕪《かぶ》にもならないが、人間はそうではない。

王侯将相も、もとからその地位にあったわけではない。

つねに向上発展を期し、急がず焦らずおもむろに進むことを心がけていきたい。

ただし自分の分際を忘れ、やたらに階段を飛び越そうとすると、あるいは失望し、あるいは蹉跌《さてつ》（しくじり）を来すことがあることを忘れてはならない。

1　しっかりした生活のうえに〝うまくいく循環〟が生まれる！

〝尽きることのない富〟を生む生活態度とは

「われにパンを与えよ、しからざれば死を与えよ」という言葉があるけれども、人民がパンか死かどちらかを選ばなければいけないようになっては、その国は滅びたも同然である。

〝民を治めるの要は、その竈《かまど》を賑《にぎ》わすにあり〟で、われわれの衣食住の問題は大切である。

「衣食足って礼節を知る」というように、節制があり秩序のあるよい風習は、生活を完全に保証されたあとでなければ生まれない。生活の不安は人の心を刺激する最大の力となるから、われわれはもっぱら生活の充実をはかることに努力しなければならない。一面から見れば、人はほとんど衣食住のためにのみ働いているようなものだ。またそれくらいにしなければ、競争の激しい世の中で生きていくのは困難である。

ただしここで一つ考えてほしいのは、われわれの生活はいかにも大切ではあるけれども、自分の生活のためにだけ働いてもいられないということである。

どんな人でも自分一人で世渡りができるものではない。世の中という多数の集合体の中で生きていくのが生活であるから、自分のことを考えるとともに、他人の身の上にも気を配らなければいけない。

古語に、「分言すれば人となり、総称すれば国となる」とあるように、国家も個人の集合から成り、土地があってさらに制度や法律、社交の問題が起こり、そこにはじめて国家社会が形成される。だから国のことを深く思う人は、自分一人の生活ばかりを考えてはいられない。どうしても主観的な利己主義を離れて、利他的に人生を見なければダメだ。これが、「生活に対する正しい考え方」であり、態度なのである。

なぜ、他人のためを考えないと自分が困るのか

生活に対する態度が〝利他的〟でなくてはいけない理由を、もう少し詳しく述べたい。

たとえば伝染病が流行してきたとする。この場合、われわれはどうやってそれを予防しなければいけないだろうか。もしこの問題を利己的に考えれば、自分の健康管理だけを一

生懸命やっていればいいことになるが、それでは安心できない。いくら自分だけ清潔にしていても、周囲が不潔であれば、病毒を媒介する蚊や蠅《はえ》が飛び込んでくる。まして疫病患者が近所にどんどん発生しては、どんなに行き届いた衛生管理をしていても、自分だけは大丈夫だなどと言っていられない。

だから、本当に衛生管理という目的を達成しようと思えば、どうしても利他的な立場から予防の方法を講じなければならない。自分の衛生に重きを置くと同時に、他人の衛生をも大事に考え、共同で清潔な社会を保っていく必要が生じてくる。

生活の問題もこれと同じで、相互に助け合ってこの社会で生きている以上は、あくまでも共同の精神を持たなければいけないのである。

もちろん世の中は広いから、自分だけ富を手にして勝手気ままな生活をしている者が皆無というわけにはいかないだろう。だがそういう人は、たまたま幸運に恵まれているだけで、社会人としての資格には欠けているし、必ずいつかは世間から仲間外れにされて非難を受けるに違いない。

しかもそうした仲間外れが生じ、逆に貧困のために落伍者が出るのは、われわれの社会の欠陥だ。それらを両方とも防止しなければ、社会生活の安定は得られない。社会政策の問題も、結局のところはこういう欠陥を防いで、共同生活の目的を達成させるという点に帰着するのである。

「分」をわきまえ、時に高楊枝《ようじ》の美学に徹することも大切

近頃の新聞を見てもわかる通り、生活難の嵐に吹きまくられて、知らず知らずのうちに踏んではいけない横道に踏み入る者も多い。その罪はもちろん許せないが、動機の点では多少同情できないものでもない。しかしながら、こういう不正を働く人間が生まれること自体、社会生活に危害を加えるものであるから、われわれは共同の安全のためにこれを防止しなくてはならない。

そもそも悪事を働くというのは、その当人の道義心が欠けているためで、もしも厚い道徳観念があったならば、たとえ困窮してもいわば「武士は食わねど高楊枝」を決め込んで、自分の人格を傷つけるような不正行為はしないだろう。実際に悪事を働く人の多くは、道徳心に欠け、しかもその仕事なり生活なりを実力以上に広げていたりする。こうした欠陥を防ぐには、経済的な救済の方法を講じるとともに、教育によって大いに人々の道義心を高めていく必要がある。

人間は、病気その他特別の事情がなければ、働いても生活の糧が得られないというはずがない。分不相応のものを要求するから、不足を感じるのである。

たとえば、百円の収入のあった人が急に五十円の収入になった場合、その生活ぶりを以前の百円時代と同じようにしていれば、そこに五十円の不足を生じる。もし収入が減ったと同時に生活も切り詰めていれば、苦痛かもしれないが、暮らしに事欠くことはないだろう。そして、自制心に厚く志の高い人なら必ず生活を切り詰めていくはずだし、不正な手段に訴えてまで不足分を得ようなどという邪心は起こさないであろう。

稼いでいる人なら

「分に安《やす》んずる」というのは、まことに個人生活にも社会にも通じる金言である。

「分に安んじる」ことは生活のうえで大切なことだが、だからと言って貧乏に甘んじていればいいなどと考えてはいけない。貧乏に甘んじてしまっては、生活の進歩発展も止まり、それこそ国家社会はたいへんなことになる。そうではなく、この言葉は、自分の実力と釣り合う生活をする、というふうに解釈すればいいと思う。

特に、衣食住などはわれわれの活動の基礎をなすのだから、あまりに節約を行なうのは考えものである。もし衣食住の費用が少額で足りることになれば、それにつれて当人は自分の収入も少額で満足するようになるかもしれない。そうなると結局、人は誰でも貧困に甘んじるようになり、ついには国もまた貧困になりはてる恐れがある。

孔子は、「疏食《そし》を飯《くら》い、水を飲み、肱《ひじ》を曲げて之《これ》を枕とす、楽しみまた其《そ》の中《うち》に在り」と言ったが、これは別に、貧乏は楽しいものだ、幸せなものだと述べているのではない。

要は、「不正を行なって富むくらいなら、貧困に甘んじていたほうがよい」という意味であって、正しい行ないをして富んだ者も貧乏生活をしろ、というわけではない。

だから自分の収入の程度を考え、実力相当の暮らしをするのはけっして悪いことではなく、むしろ当然と言えるのである。

人を豊かにすることで、自分ももっと豊かになる!

それでは、衣食住への出費はいったいどれくらいが妥当なのだろうか。これについては、人それぞれの働きの差につながるから、各人の財力を考えなければこのへんが適度でこれでは不適当だと断定はできない。

つまり、収入の多い人の生活が収入の少ない人の目からは多少豪華に見えても、それは必ずしも贅沢とは言えないだろう。反対に、大いに節約している人でも、その支出と収入が釣り合わなければ、その人の衣食住は分に過ぎていると言わなければならない。

また、たとえば一片のパンでも大切な人には、スープの一皿にサラダ一皿をとることもずいぶん贅沢だろうし、いわゆる八珍（贅沢な料理）を並べて食事をする人には、一汁五菜の料理もお粗末に思えるだろう。

　こんなふうに、衣食住への出費の程度は人それぞれに違ってくる。だから、働きの多い者は多くの費用を支出してもよく、働きの少ない者は少ない支出で満足すべきなのだ。

　ただここで一つ考えなければいけないのは、生活レベルがその人の身分によって決まるからと言って、富者がその財力に任せてどこまでも贅沢な暮らしをしても差し支えないか、という問題である。確かにそうした贅沢な生活をして、盛んに成金ぶりを発揮する富者もいるが、それはけっして褒められるものではない。むしろそんな贅沢に使う金は大いに節約し、余った分で金の足りない人を富ませるくらいの心がけがなくてはいけない。

　世の富豪が、余財のあることをいいことに、それを自分のためだけに使うのは、社会に尽くす道ではないと思う。

　いささか極端だが、およそ知識や財力のある者はつねに社会の幸福を他の者より余分に受ける。この意味で彼らは社会の寵児である。だとすれば、彼らはその幸福な境遇に感謝して、金銭面でそれだけ社会に尽くさなくてはいけないはずである。つまり、富者はその所得の一部を社会に還元すればいいのである。

余りある者が、足りない部分を補うのは自然の法則で、むしろ当然の処置と言ってよかろう。この意味で、富者が余財を国家社会のために投じるのは、富者の本分を全うするという点でも、社会生活改善のうえからも実に有効なのである。

さらに私は、富者が余財を提供するときの考え方についても望みたいことがある。こういう善行をただ自分のためという利己的な考えで行なうならば、せっかくの行動もありがたみがきわめて薄くなり、意義も狭くなる。逆に、もっと利他的な考えをもってそれを行なえば、社会人として共同生活の目的のために貢献していることになり、その意義は実に広くなる。そして当人の心の中も一段と楽しいであろう。

このように各人が利他的に世の中を解釈し、自分は社会のために尽くす義務を負っているのだと考えていけば、ある程度までは自分を犠牲にしてでも他の方面に尽力できるようになる。それが結局は最善の社会奉仕なのである。

「食べるために働く」のか？　「働くために食べる」のか？

富豪だけでなく一般の人々に対しても、私は今まで述べたのと同じことを希望している。昔からよく「人は食うために働くのか、働くために食うのか」と言われるが、これも客観的な立場からすれば、〝働くために食う〟と考えるのが本当である。

ところが、ややもすればこの見方を誤り、食うために働くのだと思っている者が多いのは残念である。

食うために働くのであれば、逆に言えば、食わなければ働かなくてもよいことになる。さらに、食うだけ働けばそれ以上は働かなくてもよいことになる。これでは人間の働きの意義が狭くなるばかりでなく、社会経済のうえからも実にまずいことである。

食うことをはじめとする衣食住は、われわれの生活の基礎であるが、各人の働きがその基礎をつくる力となる。この力が大きければ、それだけ社会生活の基礎が強固になってくるわけだから、われわれの働きは自分のためにも社会のためにも大切で、自分だけの都合で勝手に左右することはけっして許されない。

われわれが働くことを先にして食うことを後にすべきだ、という理由もここにある。

また、そうしてこそはじめて、われわれの生活も意義あるものとなるし、衣食住に対する要求の権利も生まれてくる。というのも、働くために食うという精神を十分に養って人間としての本分を完全に尽くそうとすれば、当然、完全な衣食住の必要が起こってくるからだ。つまり、働く体力をつけるためには食物が必要で、寒暑をしのぎ容姿を整えるためには衣服が要る。また住居は、単に雨露をしのぐためばかりでなく、それ相応の家に住むことは、その人の社会人としての資格を整える助けともなる。衣食住の三者は、われわれの活動、つまり働くために欠かせないものなのである。

趣味とか品格とかというものはどれも、そのあとに起こってくる問題である。まだ衣食住に満足していない人は、生活の基礎とも言うべきこの三点をぜひとも充実させるために働かなければならない。衣食住の独立ができれば、自然とその人の社会観、人生観にも余裕が生じてくる。そして衣食住が完全に満ち足りたなら、今度は社会で恥ずかしくない人間となるために趣味や品格の点で努力すべきだ。

このように、衣食住の充実をはかることは、自分のためばかりでなく、社会のためにも必要なのだ。「衣食足って礼節を知る」という人が大勢生まれてこそ、社会の安定は完全に保証されるのである。

2　プライベートは何を基準にして生きるか？

オフィシャル（ビジネス）は国家の営利が基準

人がこの世を渡るうえでは、人生を公生涯と私生涯の二つに区分して考えてみなければならない。これは、公人として世に立つ場合と、一人の私人として世に立つ場合である。

公人として世に立つ場合は、つねに国家のことを考えて任務に就き、すべての仕事のうえに、私欲を忘れて一身を犠牲にする覚悟を持たなくてはいけない。しかしながら、実業界というのは、そこまで公私の別が判然としているものではない。

たとえば、この仕事は国家的ではあっても、利益はその資本を出した個人のものになるとか、あるいは、個人のためにやったことが、かえって国家の利益になったとかいうようなこともある。だから、今私が公生涯と私生涯の区別を説こうとする際にも、おのずとその説明に混乱を生じるしだいである。

これまで私が従事してきた銀行業にせよ、他の分野にせよ、いくら国家のことを考えてその事業に当たるとしても、自分の利益をまったく度外視はできない。自衛上、ある点までは利益を得ることにも努めなければならない。その仕事に就いている者の心の中に、たとえ国家を思う気持ちが詰まっていたにしても、自分の利益を得るという一面から見れば、国家のことだけを考えているとは言えなくなる。

したがって、人生に公私の区別を立てることは実に困難で、ともすると世間の非難する公私混同に陥ってしまいもする。

たとえば、ここに一つの鉱山がある。これを採掘して鉱石を取り出せば、大きな国家的利益であり、また一面では個人の利益にもつながるが、それよりも先決問題は、この鉱山を掘ればはたして鉱石が出るかどうかという点にある。今日では科学も進歩し、その道の技師にも十分に技量のある人が出ているから、あらかじめ専門家に調査させたあと仕事に着手すれば間違いはないかもしれない。

だが、私は疑問に思う。たとえどんなに名技師の鑑定でも、神様ではないのだから、見当違いがないとは断言できまい。これまでにも技師の鑑定を信用し、そのために株式を募集して会社を興し、一般人に損害を被らせた例は少なくない。ことの成否は、発掘した後でなければ断定できないのだ。

このように、鉱山の開発はある一面から見れば「投機的」だが、事業そのものの性質としては、悪い仕事どころか「立派な国家的事業」と見られている。それなのに世間では、株式に関係している人を「相場師」というように、鉱山事業に従事する人を俗に「山師」と呼んで、よくは言わない。

これは要するに、最初に仕事に着手する時点が、いくぶん投機的性格を帯びているからだ。どんどん鉱石が出るようになれば、これはすでに国家的事業であろうけれども、それほどになるまでの経路が面白くないのである。つまり、実業界の現実は実に複雑なもので、ひと言で公私とは言っても、これを区別するのはなかなか容易なことではない。

私が実業家として世に出たのは明治六年で、第一銀行を創立したのがそもそもの皮切りであった。それ以来、ずいぶんたくさんの事業に着手し、また多くの会社にも関係してきたが、私はいまだかつて「真の投機的事業」に名を連ねたことも、自ら手を下したこともない。ただし前にも述べたように、どんなに国家のことを考えていても、事業そのものの性質上それが営利的に見えたり、またははじめから営利的にやっている仕事でも、その結果がおのずと国家に貢献するようになったりするものもあるだろう。だから、単に見えるところだけで、直接にその仕事に従事している人の心中を推し量ることはできない。ある程度までは、事業そのものがその人の考えを代表するにしても、ときにはまったく見当違いのこともあるからだ。

それでは私がどんな考えで、今日まですべての事業を行なってきたかと言うと、つねに国家のことを考えて経営に当たってきた。形に見えるところがどうあろうと、心の習慣として国家を度外視して事業を考えたことは一つもなかった。これだけは、誰の前でもはばからずに告白できるつもりだ。

以上に述べたところをまとめると、私が世を渡るうえでの主義は、ひたすら「国家のことを考える」という点に帰着する。そしてこれはただ自分一人だけの処世の道ではなく、天下の誰であっても、この心をもって世に立つならば絶対に間違いをしでかすことはないだろうと信じている。

プライベートは？

それでは、私人としての生涯における心がけはどのようなものだったか。

元来、私は漢学で教育されてきた人間だけに、儒教を自分の行ないの基準とした。したがって、自分が処世上の唯一の教典としているのは『論語』であるから、今日の新しい時代の教育を受けた人々とは相容れない点がある。まして外国人の思想とは、よほどかけ離れたところがあるらしい。

しかし、『論語』の教えを守ってきたために、こんな不都合があった、あんな不条理に出合った、などと感じたことはいまだかつて一回もなかった。

『論語』にはどんなことが説かれているかというと、要するに、

「温（あたたかみ）良（すなおさ）恭（うやうやしさ）倹（ひかえめ）譲（人を立てる）」

という五つの徳とか、

「言は忠信（言葉はまことそのもの）、行は篤敬（行ないは人情に篤く慎み深い）」

「夫子《ふうし》の道は忠恕《ちゆうじよ》のみ（孔子先生の道はひたすら思いやりの道であった）」

などということがたくさん出てきて、人はけっして偉ぶるな、驕《おご》るな、つねにへりくだった態度で人に接し、信義をもって人と交われ、というようなことばかり教えている。

そして私は、まさにこのような主義のもとに教育を受け、またこのような信念を自分の行動の基準、心の習慣としてきたのである。

『論語』の教え――たとえば「相手と自分の間に壁をつくらない」

私は今日まで、いまだかつて人を計略に陥れようとしたことがない。たとえ先方がこちらを計略にかけようとしてきても、私は変わらぬ信義をもってその人を迎えてきた。こんなことは今の人から見ればむしろ馬鹿げているだろうけれど、『論語』がそう教えているのだから致し方ない。

万事がそんなふうであるから、時にはあまりにも自分を打ち明けすぎるきらいもあるが、もしもそれを控えて自分をいつわれば、それだけですでに信義に欠け、人と虚偽の交際をすることになる。これは私の主義としては断じて許されないところである。

それでは、初対面の人にも五十年来の知己にも、あるいは家族の者にも必ず同じ態度で接するのか、と極端な質問をされれば、それは必ずしも同じだとは言いがたい。初対面の人と五十年来の知己と家族ではそれぞれ交わりの度合いが違い、自然とそこに区別がある。そしてこの区別をはっきりさせなければ、かえって礼儀を欠く恐れが生じないとも限らない。

しかしながら、人に対するという心においては初対面者も五十年来の知己も家族も差はないと思うから、どんな人に接する際にもあえて分け隔てをせず、壁もつくらない。そして、話すだけは十分に話し、聞くところも十分に聞き質して、お互いの間に誤解のないように努めている。つまり、人の身分や地位によって差別をせず、いわゆる「一視同仁」の態度で人を見るのである。

このような主義がはたして現代の風潮と一致しているかどうかはわからないが、私はどこまでもこの精神をもって自分の生涯を貫徹するつもりである。そしてこれが孔子の道にも背かない行ないだと思う。

壁はつくらないが、趣味嗜好まで自分と同一視しない

私は先年、実業家の団体とともに渡米して、合衆国の主要な地をくまなく歩いた。そしてこのとき、私の流儀とアメリカの風習とがいちじるしく違っていることを知った。

私はいたるところでアメリカ人から自慢話を聞かされた。

たとえば、「自分は偉い人間である」とか、「この仕事は実に立派ではないか」とか、はなはだしいときには、「僕の妻は非常に美人である」というように、アメリカ人は何でも自分のものをむやみに自慢して聞かせた。

ところが、それを見たり聞いたりした私は、もともと謙譲の徳をもって教育された人間であるから、彼らの態度について少なからず違和感を抱いた。

彼らは、客にものを勧める場合にこう言う。

「これはうまいものだから召し上がれ」

日本人の頭から解釈したら、この一句すらすでにおかしいではないか。彼らの勧めるその品物は確かにうまいかもしれないが、自分がうまいと思うからといって、万人にうまいと思わせるのは不可能である。人にはさまざまな嗜好がある。その好みに適するかどうかを知らないかぎり、これはうまいから食えと命令はできないはずだ。

そうかと言って、日本人流の勧め方も感心できない。日本人は何の気なしにこう言う。

「これは手前が調理したごくつまらないものだが、召し上がってください」

もちろん本人はへりくだっているつもりに違いないが、これでは言い方が完全ではない。

ではどうすればいいか。私ならば、こう言う。

「これは心を込めて揃えたもので、お口には合いますまいが召し上がってください」

きわめて些細なことだが、心の持ち方一つで、言葉もいろいろに変わってくるのだ。

いつも先進国と考えられているアメリカ人のこのような態度を見たけれども、私は別に、自分の守っている道徳に欠点があるとは感じなかった。私はあくまでこの流儀で通すつもりである。

3 「円満な家庭づくり」の秘訣

元気に満ちあふれ、魂のこもった家庭を築く秘訣

個人主義を中心とする西洋でさえ、家庭の円満は誰もが切望してやまないのだから、家族制度を重んじるわが国で、家庭の円満が最大幸福の一つであることは言うまでもない。

一家の中で夫婦が助け合い、年寄りも子どもも互いに仲よくし、一年三六五日を楽しくなごやかに暮らしていけるなら、それは単に一家の幸福であるだけでなく、素晴らしい風習として大いに世界に誇れるのではないだろうか。しかも、一家の幸福がひいては一国の幸福になることを考えれば、家庭の平和円満を願わない者などいるはずもない。

儒教では、身を修めることのできる者は家を斉《ととの》える力があり、家を斉えられる者は国家を治めるだけの知能があり、国家を治められる者はさらに天下をも平らげられる、と説い

ている。

これは儒教の『大学』に、

「修身、斉家、治国、平天下」

などとある順序によるものだが、この中でも「修身」と「斉家」は誰でもすぐに実行できる事柄で、また誰にとっても欠かせない大切な務めであるに違いない。

自分一人の身さえ満足に〝修める（行動や人格を磨き、心が乱れないように整える）こと〟のできない者が、一家を円満に平和に斉《ととの》えようとしても、どうしてそんなことが完全にできるだろうか。自分の身を改めた後に人に働きかけるのでなければ、他人から信用されず、せっかく苦心しても誰一人として耳を傾けてくれないという結果に終わるだろう。

だから一家を斉えようとする者は、何よりもまず「自分の身を修める」という点に留意してかかることが肝心である。

儒教が家庭を重視する理由

さて「斉家」について、儒学の教典をひもとけば、いろいろと教訓が書かれているし、また中国では家庭のことと言えば、ことさら念を入れて教えが立てられている。

それをいちいち引用するのもわずらわしいが、たとえば『詩経』にこんな一句がある。

「寡妻《かさい》に刑し、兄弟《けいてい》に至り、もって家邦《かほう》を御《おさ》む（まず自分の妻に模範を示し、次に兄弟にも模範を示し、そうやって家を治め、ひいては国を治めていく）」

要するにこれは、家庭が国家の元素になるという意味にほかならない。それもそのはずで、国家の小さな分子である家庭が理想的であるなら、その国家もまた理想的なものになるのは道理だ。

家族にもリスペクトを

それでは、家庭にとって何が一番大切かと言えば、誰でもすぐに、清潔とか穏健とか平和という言葉をためらわずに口にするだろう。しかしながら私などは、さらに一歩進んで、それぞれの家庭に忠義と孝行の心をもっと育ててもらいたいと希望している。

一例を挙げると、もしも現代的な風潮に走りすぎ、社会で働ける人間を家庭で育成することだけを主眼に置いて、ひたすらそんなふうにばかり仕込んだならばどうだろう。

頭の働く人間ばかりできて、社会で生きていくうえにはよい結果を生むかもしれないが、肝心な精神のほうがおろそかにされてしまう。言い換えれば、方法の善悪だけが大切にされて心の善悪が問われず、手段のみに走って精神が論じられないという弊害が生じてくる。そういう空気のみなぎっている家庭は、おそらく幸福な家庭とは言えないだろう。

確かに社会で生きるには手段や方法は必要であるには違いない。だが、精神のほうはなおいっそう大切なものである。

もし家庭において心の方面がなおざりにされたならば、それはまったく魂のない家だと言ってよい。だから、一家の長たる者はその点に注意し、家族を導いていかなければならない。そしてそのためには、忠義や孝行の心を原則とするのが一番堅実で安全な道だと私は信じている。こういう心が十分に養えたなら、元気に満ちあふれ、しかも魂のこもった家庭ができ上がっていくだろう。

観音様でもかなえられない、たった一つの「願い事」

さて、理想的な家庭をつくるには、その家の子どもが忠実や勤勉を心がけて一家の円満をはかるようにするのが、最もふさわしいやり方だと思う。これが結局は忠義や孝行という点にも帰着する。

そしてこの場合、貧富や貴賤などはまったく問題外なのである。

たとえその身は貧しくても、忠義や孝行という立派な行ないができる精神を持つなら、その家庭は必ず理想的なものになるはずだ。逆に、どれだけ巨万の富を積み、何でも自分の思い通りに動かせる地位にいても、心が劣っていれば、ある意味でその人は哀れむべき人間だろう。だから、富の大小や地位の高低などは、理想的な家庭とはまったく無関係なものと言えるのである。

私はかつて安積艮斎《あさかごんさい》の『艮斎閑話《かんわ》』の中で次のような寓話を読んだことがある。

ある信心深い男が観音様に日参して願い事をしていた。するとあるとき観音様が現われて、その男に、こう言った。

「お前が毎日参拝に来るのは感心だが、いったいどんな願いがあるのだ。できることならかなえてやろう」

すると男は、おそるおそる申し出た。

「私のお願いはほかでもありません。賢くて善良な女房と、孝行心のある子どもがほしいのです。できましたらそれをお授けください」

これを聞いた観音様は、こう答えたという。

「人並み以上の富を得ること、世間の尊敬を集める人になること、あるいは才能を増すことなどは、私の力で簡単にできる。だが、賢く善良な女房をもらい、孝行心のある子どもを生み、家庭を円満にしてくれと言われても、それはいくら観音でもちょっと難しいことじゃ」

これは実に面白い寓話だと思う。才能や富や人からの尊敬などは誰でも得られるが、円満で欠点のない家庭はなかなか手に入らない。したがって、それだけ尊いものである。だから家庭の幸福や円満を願う者は、よくよく心してかからなければならない。

そもそも私は、家庭を論じる資格に欠けている。というのも、自分の青年時代は放浪生活であり、中年近くに家庭を持つようになってからも、外の仕事に追われて家庭を顧みる暇がなかった。だから私の家庭は必ずしも理想的とは言えないと思っている。

だが、家庭に対する理想を述べよと言われれば、これまで話してきたことをその答えとするのである。

4　お金に〝心〟を入れる知恵

持つ人次第で、お金は毒にも宝にもなる

金は尊いものだとか、貴ばなければならないものだとかということに関しては、昔から

ずいぶん多くの格言や諺がある。ある人の詩の中の、

「世人交わりを結ぶに黄金をもってす、黄金多からざれば交わり深からず」

という一句などは、黄金が友情という無形の精神までも支配する力のあることを述べたようにも取れる。

精神を尊び物質を軽蔑する東洋古来の風習からすれば、黄金によって友情まで左右されたのでは人情の堕落が思いやられて心が寒くなるけれども、そうしたことはわれわれが日常的によく出合う問題でもある。たとえば久しぶりに訪ねてくれた友人と酒食をともにすることもできないようでは友情を深めるのも難しいが、そこにはやはり金の問題がからんでくる。

諺に「銭ほど阿弥陀は光る」とあるように、仏の功徳も賽銭《さいせん》の額で決まるとされている。また「地獄の沙汰も金しだい」などという言い方はかなり皮肉な感じもするが、金の効能がどれだけ大きいものかを的確に表わした言葉ではある。

とにかく金に偉大な力があることは否定できない。唐辛子そのものを甘くすることはできないけれども、無限の砂糖を買ってそれを使えば、その辛味を消すことはできる。ふだ

んは苦り切った顔をしてやかましいことを言っている人でも、金のためにすぐ甘くなるのは世間一般のことで、政治の世界などにはよく見る例である。

こう論じてくれれば、金は実に威力のあるものだけれど、もともと金に心はないのだ。金はそれ自身に善悪を判断する力などない。善人がそれを持てば善くなる。悪人が持てば悪くなる。つまり、金が善用されるか悪用されるかは、所有者の人格いかんにかかっている。

これについては、かつて皇后陛下(昭憲皇太后)が、こう詠まれた。

もつ人の　心によりて　宝とも　仇ともなるは　黄金《こがね》なりけり

金銭についての適切な批評であるこの歌をわれわれは肝に銘じておくべきだと思う。

ところが世間の人は、とかく金を悪用したがるものである。そのためか、昔の人の言葉には金銭を卑しむ傾向が強い。

たとえば『左伝』には、こうある。

「匹夫《ひっぷ》罪なし、璧《たま》を懐《いだ》くはそれ罪なり(もともとは罪のない人間でも、分不相応の宝を持つと罪を招くものだ)」

『小学』でも、こう述べている。
「賢にして財多ければ、則《すなわ》ちその志を損じ、愚にして財多ければ、則ちその過ちを益《ま》す（賢い人でも財産が多ければかえってその志を損なうし、愚か者で財産が多ければ過ちが増える。どのみち財産が多いのは人のためにならない）」

この金銭を卑しむ傾向は西洋でも同じだ。私は以前、「すべての商業は罪悪である」というアリストテレスの句を新聞で読み、ずいぶん極端な言い方だと思ったことがある。だがよく考えれば、人間は損得とか利欲に迷いやすく、そのためにときには謙譲とか清廉とかいう美徳を傷つけたり過失に陥ったりしがちだ。特に昔は、全体的に見れば知識も乏しく道義心も浅かったので、金が原因で罪悪に陥る者が多かったと思われる。だから、それを警戒する意味で、ことさらに金銭を卑しむ風潮が高まったのであろう。

『論語』と算盤は両立する

今日の社会では、昔より知識もはるかに進んで、思想的にも立派な人が多くなった。言い換えれば一般人の人格が高まってきたのである。そのため金銭に対する考え方もずいぶん進歩して、立派な手段で収入をはかり、善良な方法で金を使う人が増えてきた。それと同時に、正当な富は正当な活動によって得られるべきだし、金儲けと道徳は別のものではないという考えも普及している。私がつねづね「『論語』と算盤は一致する」と述べてきたのも、その点を手軽に説明したいとの心づもりがあったためだ。

とはいえ、人はどうしても金銭を万能と考え、大切な精神の問題を忘れて物質の奴隷となりやすい弱点がある。だから、金銭上の過失に陥らず、金の正しい扱い方を身につけられるよう注意を怠らないでいてもらいたい。

大銀行家となる人の〝物〟の扱い方

われわれは金を貴ばなければならない。そして貨幣は物の代表でもあるから、物も同じように貴ばなければならない。ちょっとした糸くずや紙切れ一枚、または一粒の米でもけっして粗末にしてはいけないのである。これはただ自分のためだけではなく、つまりは社会のためなのだ。

この点について一つのエピソードがある。

英蘭銀行の有名なギルバルト氏は青年時代、面接のためこの銀行にやって来た。帰り際に室内に落ちていた一本のピンを見つけると、直ちにそれを拾って襟に差した。それを見ていた試験官が彼を呼び止め、「今君は何を拾ったのか」と聞くと、彼は臆する色もなく答えた。

「一本のピンが落ちていました。取り上げて使えば役に立つが、このままにしておけば危険だと思って拾いました」

大いに感心した試験官がさらにいろいろ質問してみると、まことに思慮深い青年だったので雇うことに決めた。こうしてギルバルト氏は、後に大銀行家になったという。

守銭奴にならず、よいことには惜しまず使う

要するに、物も金も大切にする気持ちを持たなくてはならない。ただし、必要な場合にはもちろんそれをうまく使うべきだ。よく集めると同時に、よく散じるようでなくてはいけない。「よく散じる」という意味は、正当に支出する、つまりそれを善用することである。

良医が大手術をして患者の命を救ったメスも、悪者に持たせると人を傷つける道具となる。金もこのメスと同じで、それを貴いものとできるかどうかは、ひとえに所有者の人格いかんにかかっている。

ところが世間には、貴ぶということを曲解して、むやみに金を出し惜しみする人がいる。この点はくれぐれも注意しなければならない。金に対して警戒すべきは、乱費と同時に吝《りん》嗇《しょく》である。よく集めることを知っていても、よく散じることを知らなければ結局は守銭奴となりはてる。だからわれわれは、乱費に注意するとともに、守銭奴にもならないよう心がけなければならないのである。

第五章

教養を超える価値がある！自分をランクアップさせるための「修養」

◎あなたについていきたい！　と言われる人になる

勉強を習慣とすれば、必ず勉強せざるを得ないようになる。
怠惰を習慣とすれば、怠惰はさらに怠惰を生ずるに至る。
およそ怠惰ほど悪癖を生じやすいものはない。
座っていれば膝《ひざ》はくたびれる。寝てばかりいれば背中が痛くなる。
ところが少しぐらい風邪気味でくしゃみが出ても、
それを押して努めると、知らず知らずよい心地になって、
いつしか風邪もさっぱりしてしまうものである。
これは私がしばしば実験したところである。

1 渋沢流・スピード鍛練の秘訣！

「箸の上げ下ろし」一つにも大切な〝道〟がある

私はこれまで、これと言って目立つような養生や節制をしたことはないし、取り立てて人に聞いてもらうような修養談もない。

また、私が今まで経験したり感じたりしたことが多少はあったにせよ、今日とは時代が違うので、私の実行した通りにやったところで成功するわけでもないし、また、私の考えも現代の人には何ら役に立たないことが多いだろうと思う。

私は埼玉県の農家に生まれたので、若いときは百姓もする、行商もする、したがって酒も飲めば遊びもして、ずいぶん暴れたものだ。その頃は養生だの節制だのということは眼中になく、またさしたる精神の修養もしなかった。ただ『論語』は好きでよく読んでいた。

それから東京へ出て役人になり、明治六年には官界を去って実業界に身を投じたわけだが、今日に至るまで目が回るほど多忙で、のんびり書物を読んでいる暇もなければ、修養上の講話などを聞いている暇もなかった。だから別段養生や修養に意を留めたこともない。

ただ近年、年とともに体が弱ってきたので、ご飯を食べすぎないように、甘いものの度を過ごさないように、また寒くないように暑くないようにと、普通の注意はするものの、ことさら世間の人と違う方法を実行してはいない。

しかしながら処世の方針として、今日まで一貫して真心と思いやりをもってやり通してきた。昔から優れた宗教家や道徳家が「人の道」を教えてはきたが、それは煎じ詰めれば修身――つまり、行動や人格を磨き、心が乱れないよう「身を修める」という一事に尽きる。

この修身というのもいろいろ説明しようと思えば難しくなるが、わかりやすく言えば「箸の上げ下ろし」のような小さなことにも注意を怠るな、ということだろうと思う。私はその意味において、家族に対しても客に対しても、また手紙を見るにも何をするにも、誠意と思いやりを忘れないようにしてきたつもりである。

自分を知る

「箸の上げ下ろし」の注意ができれば、次に心がけるべきなのは自分を知ることである。

世の中にはずいぶん自分の力を過信して、かなわぬ望みを起こす人もいるが、あまりにも進むことだけを考えて分を守ることを知らないと、とんだ間違いを引き起こしてしまう。私などは「蟹は甲羅に似た穴を掘る」という主義で、渋沢は渋沢の分を守るという点を心がけている。それでも今から十年ほど前には、ぜひ大蔵大臣になってくれだの、日本銀行の総裁になってくれだの、という交渉も受けた。だが私は、明治六年に感じるところがあって実業界に穴を掘って入ったのだから、今さらその穴から這い出すわけにもいかないと思って、その申し出を固辞してきた。

「もって進むべくんば進み、もって止まるべくんば止まり、もって退《しりぞ》くべくんば退く」

孔子は、こう述べているが、実際、人はその進退が大事なのである。

感情をコントロールする

次に注意しなければいけないのは、喜怒哀楽の節度を守ることである。およそ人間が処世の道を誤るのは、主として感情のバランスを崩すためだ。

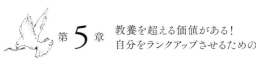

「楽しんで淫せず、哀しんで傷《いた》まず（楽しみながらもその楽しみに溺れず、哀しみながらもその哀しみにくじけない）」

孔子もこう語って、喜怒哀楽の調節が必要だということを指摘している。私なども、酒も飲めば遊びもしたが、いつも「淫せず傷まず」を心がけてきた。
要するに私の主義は、どんなことにでも誠心誠意を尽くすという以外の何物でもない。そしてこの点だけは、誰が実行しても間違いのないことだと信じている。

「ひたすら集中&全力投球」する時期をつくれ!

修養の方法について言えば、心の習慣として、ふだんから地道に努力することが大切なのは言うまでもない。よく、平素は学業を怠けておきながら、いざ試験になると卵を四個も五個もすすり、夜を徹してねじり鉢巻で勉強する学生がいるけれども、これは学問の本質をまったく勘違いしている。

修養もそれと同じで、人は日頃からわずかな時間も無駄にせず、努力して道を修めなければならない。けっして一夜漬けの学生のように、その場限りのごまかしをしてはいけないのである。とはいえ、平素から修養に努めていればそれで十分かと言えば、けっしてそれで満足すべきものでもない。ある時期を区切って、ひたすら修養に専心するというのも必要な方法である。

物事にはすべて節目がある。一年三六五日の間には、雨も降れば風も吹き、暑い日も来れば寒いときも来るように、必ず変化があり節目がある。修養においてもこの点を心得ておかなければならない。つまり、日頃から努めるとともに、一時期を画して、特に精神を集中して修養に励むことが非常に大切なのである。

私は郷里で、十三歳のときから剣道の修業をした。冬になると寒稽古が催されて、秩父《ちちぶ》颪《おろし》が肌を刺す暁の四時頃から竹刀を担いで道場に行き、夜明けまで稽古しては粥を食って帰ったものである。このように冬の一時期に、精神を集中して稽古をしたことは、剣道の上達に大いに効果があったと思う。

何事に限らず全力を傾け、それに専念するのは最も大切なことで、私はつねにこの精神集中を心がけてきた。どんなに能力の優れた人でも、いっぺんに二つのことを完全に成し遂げられはしない。人は一事に全力を傾注するのでなければ、完全な成功は得られない。

たとえば、人と話をするときはその話に全精神を注ぎ、遊ぶときにはその遊びに全力を集中するのでなければ面白くない。また、他人に忠告をするにも精神を傾注しなければ、相手の受ける感銘も薄く、せっかくの忠告も効果が少ないのである。

凸レンズによって一点に集められた太陽の光線は、物を焼き尽くす力となる。それと同じように、一つのことに全力を集中するのは、修養上もきわめて大切なことなのである。

2　自分の心の中にいる〝悪魔〟退治法

誰もが、死ぬまで日々チャレンジし続けるもの！

克己というのは人間にとって最も大切なことである。われわれが立派な人間になろうとすれば、まず己に克って私利私欲を捨てるようにしなければならない。

とはいえ、われわれが何かをなそうとすれば、必ず理知と感情の両方がそこに働くものである。この両者がちょうどよく調和して、何事に対しても節度が保てれば申し分ないが、日常の生活にしても、とかく「我」が出て節度を失う場合が多い。だから本当の意味で克己ができる人というのはきわめてまれである。

朱子などの説によれば、人間には喜、怒、哀、楽、愛、悪、欲の七つの情があると言われているが、どんな人でもこの七情の働きによって動かされるのが常である。

たとえば、物事が順調にいったと喜び、誰彼が自分を中傷したのはけしからんと怒り、不幸に遭うと哀しむ。

また、平和な心で社会や人に接するのは楽であり、誰かをかわいいと思うのは愛の働きであり、いやな奴だと思うのは悪、名利を求める心は欲である。

このようにあらゆる場合に七つの情が働くが、ときにはそのいずれかが程度を超えやすい。これは凡人には実に避けがたい欠点であるから、どんな場合でも七つの情が道理にかなって適度に働くようつねに修養を怠らず、克己してその弊害を直していってほしい。

「七十にして心の欲するところに従って矩《のり》を踰《こ》えず」

孔子は七情の働きがうまく理にかなっていたほうではあるが、このような聖人でさえ、こう語ったほどである。だから凡人は、棺桶の蓋が閉まるまでは不断に克己心の修養に努め、人間としての正しい道を歩むように心がけなければならないと思う。

克己心が弱いと、どうなってしまうのか

人間がこの世で生活するには、絶えず社会と接し人と交わらなくてはならないが、克己心の弱い人は、ややもすれば物欲に自分の心を支配されていく。そして物欲が強ければその人は中正の立場にいられないから、いきおいその出処進退を誤りやすい。

たとえば克己心に乏しい人は、名声や利益の誘いに乗りやすく、道理の正しくないことにも動かされる場合が多い。

役人の汚職問題とか実業家の醜聞なども、要するに克己心が弱い結果、利欲に惑わされてしまうためにほかならない。

克己心の弱い人はまた、ある相談に応じないと現在の地位を奪うぞと上役から脅されたり、正しいことを行なえばかえって不遇に陥ってしまうような局面に際したりしたとき、是非や善悪の区別は承知していながら、すぐに腰が砕けて不正不義に屈服する。つまり、名利に誘惑されやすいうえに苦痛にも負けて、ついには一身一家を誤るような場合が多い。

これに対して、克己心の強い人は物欲にとらわれないから、金銭に惑わされたり権威や脅しに屈服したりせず、毅然とした態度を取れる。

また、孔子の言う、

「己の欲せざる所、人に施すこと勿《なか》れ」

という境地に達するにも、ひとえに克己心の修養が必要なのである。

それでは自分に克つためには、平素からどのような心がけが必要なのだろうか。簡単に言えば正義に基づいて心を鍛えることであるが、それには絶えず自分の心に巣食っている私利私欲と闘い、正義の力で利欲を征服し、物欲を完全に追い払わなければならない。ところがこの物欲は、いくら摘み取っても、あとからあとから芽を出し、もし少しでも心に油断があればたちまちその隙につけ込んで根を張ろうとする。

だからこそ、不断の修養と努力が必要なのである。

己に克つというのは、社会や国家の進歩のうえでも、個人の発達のうえでも、その根底をなすものであるから、万人がことごとく守らなければならないことである。

自分に克とうとする心がけさえない人は、品性がしだいに堕落して邪道に陥り、人間としての道を踏み外し、そのため立派な人間として世に立つことができないうえに、ついには世間の非難を受けるようになる。

スタートは「小さな物欲」のコントロールから

克己心の修養は私も長年心がけてきたけれども、なかなか「心の欲するところに従って矩を踰えず」という理想の心境に達したとは言えない。しかしながら、人間としての本分を誤るようなことはないつもりである。そこで、私がどのようにして克己心を養う努力をしてきたかについて、ご参考までに二、三の体験を述べてみようと思う。

克己心の修養方法として、第一に、私の処世訓としている『論語』を挙げなくてはいけない。『論語』は実践的な道徳の生きた教訓であって、私はこれを座右の宝典とし、その教えに基づいて克己心を養うよう努めたのである。

孟子は「人間の性は善だ」と言っているが、その半面には物欲が宿っていて、始終頭を出そうとしている。

卑近な例を挙げると、衣食住にしても木綿の服よりは絹の服を欲しがり、まずい食物よりも美食を好み、裏長屋よりも門構えの家に住みたいと思うのが人情だ。そして、こういう欲を抑えて分相応を守ることは容易なようで、実はなかなか難しい。食物がまずければ小言を言いたくなり、他人が美しい着物を着ていれば自分も着たくなるのは世の常である。

私は、こういう些細なことに気をつけ、けっして不平不満の念を抱かないよう心がけた。千里の道も一歩から始まるという譬《たと》えの通り、物事はすべて順を追うべきであり、最初から大きなことを望んではならない。克己心を養うにも、はじめは手近で些細なことから修養を積んでいくほうが効果があるようだ。

私の生家は、農業と藍の商売を家業にしていた。父がいたって厳格な人で、少年時代から農業も藍の買い入れや製造もやらされていたため、肉体的にはかなりの重労働も苦痛ではなかった。だが、己に克つという点では、それが些細なことであってもずいぶん努力が必要だった。しかしながら私は、どんな場合でも『論語』の教訓を思い浮かべては、自分一人の世の中ではないということを考えて、物欲を抑えるようにした。

これがしだいに習慣づけられ、後には私の第二の天性ともなっていったのである。

克己心を徹底的に叩き込んでくれた〝桐の硯《すずり》箱〟事件

この子ども時代の話で、忘れられない体験がある。

私は十五歳のとき、叔父と一緒に江戸へ出て、書籍箱と硯箱を買ってきた。その頃家にある硯箱がひどく傷んでいたので、江戸へ出たら新調したいと父に頼んだところ、買ってこいと許可された。そこで私は、小伝馬町の建具屋で桐の書籍箱と、同じく桐の硯箱を確か一両二分で買い取り、家に戻った。

ところがこの桐の硯箱は、家にあった杉板を打ちつけただけの真っ黒な硯箱に比べて、ずいぶん華やかで贅沢に見えた。

父はひどく驚き、腹も立てた様子でこう言って嘆息した。

「質素倹約は最も大切な心得であると、いつも言って聞かせているではないか。いかに子どもでも、こういう品物が自分の家に似合うかどうかくらいは考えつかなければいけない。

似合わないと知りつつ、自分の気に入ったものを買ってきて家で使おうなどという了見では、この家を無事安泰に保っていくことはできない。この品は断じて使うわけにはいかない。直ちに火にかけて焼いてしまえ」

「叔父さんにも相談のうえで買ってきました」

そう私が弁解すると、父はますます機嫌が悪くなり、

「十五歳にもなって、まだ自分なりの見識を持たないでどうするのか。たとえ叔父さんが何と言ったにせよ、それをすぐに買ってくるのは軽率である。もし考えて買ったとすれば、質素の念を欠いている。どちらにしても不心得がはなはだしすぎる」

と言って、それから三日も四日も説教されたのである。

なぜこんな小さなことを、あれほど厳重に責められたのかと、よくよく考えてみると、父は別に金を惜しんだわけではなく、私がますます贅沢になっていくことを心配したのであろう。昔からいくらでも例があるように、贅沢を求める心というのは自分の分限に応じて些細なことから慎んでいかないと、ついには取り返しのつかないはめになる。

私がこんなきれいな硯箱を買うようでは、そのうち家も書斎も気に入らないというように万事に増長して、一家を堅固に保つことができない。それを防ぐ意味で、あれほど厳し

く説教したのだと思う。

父は確かに厳格な人であったが、このときほどひどく叱られたことは、後にも先にも一度もなかった。だから、こちらを見限ったような口調で幾日も責められたときには、なんとむごく愛情の薄い父だろうと怨んだりもした。だが、結局それは私の心得違いだったのである。

自分で決めたことは、とことん守る！

二十四歳の秋、私は郷里を離れて京都に出たが、二、三か月滞在している間に、用意した金を使いはたしてしまった。故郷に事情を訴えれば送金してもらうことはできたのだが、郷里を出るとき、二度と金銭上で父や兄の世話にはならないと固く心に誓っていた。だからいくら苦しくても生家の援助は仰がず、親しい知己から三両、五両と借り受けてかろうじてしのいだのである。

その翌春、一橋家に仕えることになったが、たとえわずかでも収入のある身となったからには、おいおいと今までの借金も返済しなければならない。そこで私は自炊生活をやって極端に生活費を切り詰め、自分で飯炊きもすれば惣菜もこしらえ、四か月ばかりの間に借金を完済したのである。

これはむしろ当然のことだが、とにかく正しい道理に従い、安易な道を捨てて困難な方法を選んだのであるから、己に克った一例と言うことができるだろう。

また、世間には金儲けと道徳をまったく別物のように考えている人が多いように見受けられるが、私は経済の発展を期するにも金儲けをするにも、仁義道徳によらなければならないと信じ、その通りに実行もして今日に及んでいる。

もっとも、実業界で活動している時期には、しばしば利益を餌に誘われたことがあった。だがそういう場合でも、私はつねに正しい道理のうえに立ってその誘惑を退け、一度も自分の進むべき道を誤らなかった。これも平素から修養してきた克己心の賜物である。

やましいところが一点もないから、何があっても動じない!

明治二十五年頃の話である。

東京市が水道を敷設する際に、国産の鉄管の使用を主張する者と、外国製鉄管の使用を主張する者との両論があった。私は長年の経験と知識から、品質においても価格の面でも、日本製は外国製に到底及ばないことを確信していたので、外国製鉄管を使用したほうがよいと主張した。

ところが日本製鉄管の使用を唱える者の中に、鋳鉄会社をつくって水道管の注文を引き受けようと計画する動きがあって、私にも賛助を求めてきた。もとより私の主張は今述べた通りだから、それに賛同はしなかった。

　すると反対論者は、「外国製鉄管の利を説く者は、外国人と結託して私利を得ようとの魂胆である」という噂《うわさ》を流し、集会を開いたり新聞を使ったりして盛んに私を攻撃してきた。二名の凶漢に襲われて危険な目に遭ったこともある。だが私には、「内に省みて疚《やま》しからずんば、夫《そ》れ何をか憂《うれ》い何をか懼《おそ》れんや」（『論語』）という信念があるから、自説をひるがえさなかった。

　その後、例の鋳鉄会社が設立されて鉄管の製造を引き受けたが、はたして私の意見通り製品は粗悪かつ不揃いで、しまいには大疑獄事件まで起こして世間を騒がすに至った。

　このとき、もし私が利欲に動かされたり、身辺の危険を恐れたりしたならば、彼らの計画に賛同はしないまでも、あるいは自説をなげうっていたかもしれない。だが、自分に克つことができたため、最後まで公正な立場にとどまっていられたのである。

　なお、私は明治初年以来多くの銀行や会社の創立に関与してきたので、まるで利権屋とでも言わんばかりの悪評を立てる者もいた。だが、私の信念は産業の開発と実業の振興にあったので、こういう非難を少しも意に介さなかった。そして、国家としてどうしても必要だと信じた事業に対しては、たとえ業績が上がらず他の重役たちが逃げ出しても、私は損失を堪え忍び、最後まで踏みとどまって努力し、多くの場合は目的を達成した。これも克己心の賜物だと考えている。

このような私の経験から言えば、克己心を養うには、まず日常の些事に心がけ、それを少しずつ万事に適用していくよう努力するのが最も効果的なやり方であると思う。

3 この忍耐に勝る知恵はない！

最後に必ず物を言う〝忍耐〟

人間が社会の一員として世の中に立っていくとき、第一に必要なのは誠実ということである。孔子も「忠信を主とせよ」と言っているが、まったくその通りで、忠誠は人間の歩むべき道の根本でなくてはいけない。

しかしながら、誠実ばかりで世の中を渡っていけるものではないから、この誠実を基本として知識を磨き、才能を練り、国家に役立つ人間となるよう修養を積む必要がある。

そして、人間が生活していく際には、絶えず人と人が接触するわけだから、心を込め、何事にも親切心をもって人と接したほうがいい。

もっとも、親切心と言っても限度があるのはもちろんで、限度を超えてはかえって親切が親切にならない場合もあり、自分自身が迷惑をこうむることも少なくないから、この点は十分注意すべきである。

それでは、人間が世に立つ場合、知識才能を備え、人に親切に接していればそれで十分かと言うと、もう一つ必要なことがある。それは忍耐である。

孔子も、「怒る心の生じるときは、艱難《かんなん》を思って（試練であると受けとめて）忍耐せよ」という意味のことを述べている。

また徳川家康は『論語』に親しんだ人だけあって、その感化を受けたらしく、次のように語り、忍耐の必要性を説いている。

「勝つことを知って負けることを知らないのは不幸だ」

「人の一生は重荷を負って遠い道を行くようなものだ。急いではならない」

家康は忍耐を実践して、ついに徳川三百年の基礎を固めた人だけあって、その教訓にも生命がこもっている。

自分に甘いと不満が頭をもたげる

ところで私は、この年になるまで、さまざまな境遇を経て波乱曲折に富んだ生涯を送ってきたので、その間には堪忍できない場面にもいくたびか遭遇し、ときには大いに争った。だが、いつの場合でも孔子の教えを守るように心がけ、自分の言動が道理から外れないよう努力してきたつもりだ。それに私は、大政治家となって権力を得ようという野心もなく、大実業家となって名を上げようという功名心もなく、大富豪となって金力を振るうという欲望もなかったから、求めるところが少ないだけ不満足も少なかった。

元来人間は裸で生まれてきたのだから、いつも無私を心がければけっして不満足のあるはずがない。私は絶えずこの心境を忘れないように修養を心がけた。

何かに直面して忍耐することができず、すぐ互いに争ったり、報復手段を講じて人を傷つけたりして、結局は自分をもダメにするのは、自分を中心に考えるからである。

自分のことばかり思っているから不満足を感じ、節制を忘れ、堪忍すべき場合にも怒りを爆発させてしまうのだ。

どんなときでも、自分の主張が道理に照らして正しいかどうかを考え、また時と場合を考慮して自我に固執しないようにすれば、自然に忍耐強くなるような習性は養える。そしていつかそれが第二の天性となり、角の取れた円満な性格の持ち主となるだろう。腹の立つような場合でも、そういうことを余裕をもって考える習慣をつけることが、私の修養の方法であり、これは実に効果があったように思う。

人間は己を捨て、我を通さないようにしなければいけない。これは誰もが忘れてはならない心の習慣であって、それを心がけていれば、つねに正しい道理のうえに立って物事を判断することができ、忍耐の習慣を身につけられるようになる。

ただし、人の前であまりにも自分を卑下し、理屈の善し悪しにかかわらず何でもご無理ごもっともで通すのは間違っている。これは忍耐ではなく卑屈である。この区別をはっきりさせ、けっして混同してはならない。

私の生涯一番の危機とそれを糧に学んだ辛抱の哲学

文久三年（一八六三）十月二十三日、私がちょうど二十四歳のときであった。当時、私たちは命賭けで倒幕の挙に出ようという非常に過激な考えを抱いていた。蟷螂《とうろう》の斧を振るうに等しく、今にして思えば実に無謀極まる暴挙だったが、われわれ同志にとっては、一命をなげうって、ことに当たろうと企てたのだから、実に真剣であったことは言うまでもない。

そしていよいよ打ち合わせておいた旗揚げの日も近づいて、その手段について協議をしていた席上、同志の一人が時機の悪さを説いてこの計画に反対し、断念させようとした。血気にはやる私はその意見に従うことができず、大いに論争したが、相手はどうしても屈服しない。そこでついに堪忍袋の緒を切らし、刀の鞘を抜きながら詰め寄り、あくまで反対するなら一刀のもとに斬り捨てるぞと息まいたのである。

自分では覚えていないが、怒り心頭に発していたから、目は血走り顔色も変わっていたらしい。強いて止める人がいなければ、おそらくは本当に斬って捨て、自分も自害していたに違いない。また、相手が私の剣幕に尻込みして反対論をひるがえし、同志が暴挙を決行していたなら、やはり一命を失っていただろう。

いずれにしても、私は生死の運命の岐路に立っていたのである。

その場は私の義兄をはじめ、同志の面々の仲裁でこともなく収まったが、熟慮してみれば私の主張は血気にはやる書生論であり、道理よりも感情とか面目にとらわれたものであって、相手の反対論のほうが正しかった。

このとき私があくまで自分の主張を通そうとすれば、どちらにしても死ぬしか道はなかったのである。にもかかわらず、自分一人の感情を抑えきれず、前後の見境もなく激怒したのは、実に恥ずべきことだったと後になって思った。

もちろんこの暴挙の企ては中止となり、私はその後郷里を離れて京都に出たが、このとき以来、忍耐の必要性をつくづく感じ、つねに忍耐を養うよう心がけてきたのである。

4 渋沢流の体力増強法

"青びょうたん"でいい仕事・納得のいく仕事ができるはずがない!

この世の中で適材が適所を得、その力を十分に発揮できるかどうかは、体力の強健さいかんにかかっていることが多い。何を行なうにしても体力が必要なことは言うまでもない。

もちろん知能が優秀でなければ、どんなに体力があってもそれを利用できないが、逆にどんな非凡な才能も強い体力がなければ生かされないのである。

私は東西の歴史に広く通じているわけではないが、少なくとも知っている範囲においては、体力の強健な者は偉業を成し、そうでない者は才能があってもそれを使いこなせなかったように思う。

私が日頃から尊敬している孔子は、七十三歳の天寿を全うした。その節制についての記録はないが、かなり強健な体力を持っていたからこそ、これほど長生きしたのだろうと思う。孔子の一生は、政治的にはさほど見るべき業績があったわけでもない。だが彼の教えは、数千年経ってもなお人の心を支配し、その影響は中国だけでなく遠い他国にまで及んでいる。この功績は実に偉大である。そしてこれは、体力と精神がともに健全であった賜物と言わなければならない。

これに対して、孔子の一番弟子に数えられた顔淵《がんえん》は、徳も高く知識も深く、寸鉄人を殺すといった趣の警句にも巧みであった。もし長生きすれば計り知れないほど立派な人物になっただろうと思うが、不幸にして短命で死んだ。したがって学問も人徳も高かったにもかかわらず、まとまった教えもなく、『論語』に断片隻句《せつく》を残すのみであった。これは、不完全な体力がその人の一生に多大な損害を与えた一例である。

徳川家康は、健全な体力と精神を具備した人である。確か七十五歳まで生きたと記憶している。豊臣家に代わって天下を統一し、三百年間の太平の基礎を築いたが、もし体力が弱くて若死にしていたら時代がどのように変化していたかわからない。

ついでに家康についてひと言述べておきたいのは、その常識が発達していたことである。家康が文学を奨励し、学者を尊重し、朱子学から道徳説を引いてそれを世に広めたことは多くの人が知っている。これを政略だと言って批判する者もいるが、むしろ、長年の戦争に疲れ平和を望む当時の人心を治めるには、道徳による修養以外に方法がないと感じていたのであろう。

しかも家康は、『論語』を応用する際には通俗を旨とし、誰が読んでもわかることを方針としたらしい。遺訓として伝えられる「人の一生は重荷を負うて遠き道を行くがごとし」云々も、普通なら漢文で書かれるべきものだが、実際には仮名まじり文になっている。ここにも家康の見識が明らかにされていると思う。

徳川三百年の基礎をつくった〝三つの木〟

また、家康が側近の若い者に金のなる木を描いて示したとも伝えられている。その中心には「しょうじ木《き》」「慈悲ぶか木《き》」「万事にほどよ木《き》」を置き、左右の枝を茂らせたという。

これはいかにも通俗的であるが、面白くて真理を含む言い伝えである。

さて、家康の孫の家光が英才であり、徳川の基礎を確立したことは誰もが知っている。だが、四十八歳の短命だったから、ほかにはあまり大事業を成し遂げはしなかった。もし家光が祖父のように長寿を保ったなら、さらに偉大な功績を残しただろう。

学者にしても政治家にしても、技術者にしても、偉大な天才を備えながら短命のために大事業をはたせなかった者は歴史上たくさんいると思う。

私の友人の中にも天与の才能を抱きながら若死にした者が少なくない。もちろん早死にしながらも後世に伝わるような事業を行なった例外はあるが、一般には体力と精神とが完備してはじめて大事が成るのである。

渋沢流「心と体に活を入れる」二つの習慣

それでは、体力はどのようにして養ったらいいのか。

私は医者ではないから、学問的には体力増進法についてあれこれ言う資格がない。また自分自身でも、ふだんから体力増進に注意しているわけではない。仕事の都合とはいえ、夜中に帰ることもある。睡眠時間も五、六時間しかないことが多い。そして運動というほどの運動もしていない。

ただ幸いにして生まれつき健康であったから、日常の激務に耐え、各種の会社を経営できたのである。体力が強健でなかったら何もできなかっただろうと思う。その点では健全な体を与えてくれた両親にひそかに感謝し、あわせて自分自身の幸福を喜ぶものである。

ただし、物質的に体力を増進するのではないが、精神面で自分なりに日頃から心がけていることがある。広く他人にも応用できると思うから、ここにひと言述べておきたい。

第一は、くよくよしないことである。神経が滅入るようなくだらない心配や愚痴は、体力を維持するうえでいちじるしい障害となるから、できるかぎり取り除かなければならない。「世の中は何事も不足がちなもので、すべてに満足することはむしろあり得ないのだ」という境地に達し、自らの分を知り現状に満足すれば、何一つ心を煩わせるものはなくなるし、苦情も起こらず、くだらない心配をしないでもすむ。

そんなことでは人間が卑屈になり進歩がなくなると思う向きもあるだろうが、くだらない心配をするほうがかえって進歩を妨げるものである。向上の精神は結構だが、それに伴う修養を怠ったならば、ただ天を恨み他人を非難するだけにとどまり、何の利益もない。

第二には、気持ちを切り替えることである。何か気になること、心配なことがあって、それがいつまでも解決できず執念深く考え込んでいると、それが成功しないうえに、大いに体力を損なってしまう。

こういう場合は気持ちを切り替えて、まったく異なった方面のことを考えるとよい。たとえば、銀行のことを相談したあとには教育、工業の次には慈善というように、全然違った問題を考えるのである。もちろん一つの問題に対処している間は、他のことを忘れて当面の問題に専念しなければいけない。

長唄を歌うとか、茶道、書画、骨董などの娯楽も、精神の休養法としては有効だろう。しかし、それをやっている分だけ仕事の時間が減ることになる。そして私は、こんな娯楽に多くの金銭と時間とを浪費するのが好きではないし、また鑑賞の力も備えていない。

ずいぶん忙しい話に思われるかもしれないが、違う方面の仕事に気を転じて、それで精神を休ませることができれば、なおいっそう有益であるに違いない。

不摂生ゆえに鍛えられた私の生命力

自分が米寿まで生きてこられたのは幸いである。一面では「生命長ければ恥多し」との諺もあるから、早く死んでしまったほうがよかったかもしれない。しかしまた「命と細引きは長いほどよい」という俗言もあり、しかも人は誰でも長寿を望んでいるから、長生きできたのはありがたいことなのだろう。

長寿を保つと言っても、何もすることがなくただ生きているというのはよくない。もちろん生命のあるかぎりは国家社会のために尽くさなくてはならない。そうやって働いていければ、長寿ほどよいわけである。

それではどうすれば長寿を保てるのだろうか。一般には摂生が第一と言われているが、私は若いときから不摂生のほうで、よく医者から、こんな忠告をされた。

「あなたのようにあまり体を粗末にしては長生きできない」

ところが、私が昔から診察を受けてきた数人の医者はともに、不摂生な私を残して先に死んでしまった。つまり、摂生が大切だと講釈した医者がみな逝き、不摂生を注意された私が生き残るという皮肉な結果になったのである。摂生は必ずしも長寿の条件ではないのかもしれない。

とはいえ、六十歳以降になると摂生が必要なことは動かしがたい事実のように思われる。私も六十一歳になった折に、「これからは今までのようなわけにはいかない。無理のない程度に働くことが必要だ」と気づいて、その心がけで加減をしてきた。

それからしばらくして、ラプソン・スミスというイギリスの医者が著わした『百歳不老』という書物を読んだところ、やはり六十歳以上になると摂生に注意すべきだと書いてあった。偶然とはいえ私の説と一致していたことを、とても愉快に感じたしだいである。

そこで、スミスが説く長寿の秘訣を次にご紹介したいと思う。

いつまでも若さを保てるスミス式健康法

六十歳以降も健康を保つ方法はいたって簡単である。食事を適度に加減しろとか、いろいろな教えがあるけれども、それ以上に、心の持ち方、体の持ち方一つで六十歳からの三十年間を無病息災で元気に暮らしていくことができる。

その方法とは何かと言うと、三十歳から六十歳までの生活と同じ調子で活動を続けよということである。六十歳になったときに自分はもう年老いたという考えを持つのが、老け込む原因となる。

人は六十になっても老人だと思ってはいけない。六十歳でもまだまだ年をとってはいないと考えていれば、若さが持続できるのである。

ただし、三十歳から六十歳までの生活と同じ調子でいけとは言っても、すべて同じというわけにはいかない。そこで注意すべきなのが、摂生を守れということである。無理をするとよくない。

若々しい精神で愉快に活動すると同時に、摂生を心がける必要がある。

もう一つ大切なことがある。年をとると人はいろいろなことに思い悩んだりするし、あれこれ心配の種も生じやすいが、これが必ず心身に害を与える。だからいつも心を平和に保ち、満足感を味わいながら暮らすべきである。

ローマの詩人ユウェナリスの言葉に「健全なる精神は健全なる身体に宿る」という格言があるが、まさにその通りで、よい精神がその身体を健康にするのである。精神をつねに平和で穏やかに保っておくと、病気などせずに九十歳までは健康でいられるはずだ。

以上がラプソン・スミスの説である。

要するに、六十歳以後は摂生に注意し、心の平静を保ち、適度な労働に従事することが必要なのである。もう自分は年をとったなどと思うのがよくない。年をとったと思うとたちまち老け込むようになるから、六十歳以上になっても老人とは考えず、身の扱い方も老人らしくせず、六十歳前と同じようにしていくべきである。

さらに煎じ詰めると、労働と摂生と満足、これが健康、幸福、長寿の秘訣なのである。

5 「働く」君へ。最後に伝えたいこと

自分に「魂」を吹き込もう

とかく老人は「俺の若いときは……」などと言いたがる。これは割り引いて聞く必要があるし、私も老人だからそういう悪い癖がないとは言えない。だが、十分に割り引いて考えても、今日の青年は劣っている面があるように思われる。

確かに昔の青年は乱暴で粗野だった。それに対して今日の青年はむしろ洗練されているが、半面で憂慮すべき欠陥を持っているように見受けられる。

今日の青年の間には、今の刹那を楽しむという享楽主義が流行している。もちろんそれでその人間の一生が幸福であり、社会も何の迷惑を被らないなら、悪いとは言えない。

しかし、人生はよい意味で「一種の戦場」である。そこで刹那の快楽に溺れる心身とも

に弱々しい者が、努力奮闘する強健な人々に追い越されて、人を呪い世を恨んで寂しい人生を送るようになるのは、いつの世にも見受けられることである。これは、あまりにも享楽主義に毒された現象ではないだろうか。

現代の青年の考えが享楽主義になってしまった責任の一端は、教育にあると思う。今日の教育は「梯子《はしご》段教育」である。

トントントンと登りさえすれば、それでよいと思っている。登っていく人間にどんな「魂」を吹き込んだかは、教えるほうで問題にしない。学生の側にしても、あとからあとから詰め込まれて、〝ところてん〟式に学校から放り出され、それで自分は頭がよくなったと思っているようである。そこまでいかなくても、ともかく一人前になったつもりで、目の前のちっぽけな享楽に耽溺《たんでき》している。

要するに、現在の教育は「魂」を吹き込むことを忘れている。

「魂」を持たない以上、形式がいかに上品でいかに立派で、いかに完全に揃っていても、それは人間ではなく人形である。人形に、意気に感じたり利害を度外視して行動したりする元気があるはずがない。

活力の元、国家発展の元となる「元気」を養え！

世間ではよく青年の元気と言うけれども、青年諸君にばかり元気があって、われわれ老人にはなくてよいというわけではない。さらに一歩進んで言えば、年齢にかかわらず、男女ともに元気がなければいけない。大隈重信侯などは私より二歳年上でありながら、非常に元気旺盛でおられる。

さてそれでは、「元気」（活動の元となる気力、国家が発展する元になる力）とは、どういうものか。

俗世間では、よく「元気がない」とか「元気を出した」と言う。時には、かなり酩酊《めいてい》して大声を出すと彼は元気がよいと言い、黙っていると元気がないなどと言う。だが、警察に捕まって恐れ入るような元気は、けっして誇るべきものではない。「人と争って自分に非があっても強情を張り通すこと」が元気だ、と思ったら大間違いだ。これは元気の誤解、誤用である。

また、気位が高いというのも、一種の元気であろう。慶応義塾の福沢先生がしきりに唱えていた独立自尊も、「自ら助け、自ら守り、自ら治め、自ら活きる」という意味での自尊であれば、ある意味で元気と言えるだろう。しかし、自尊の意味をはき違えると、実に傲慢になって不都合を生じ、悪徳となってしまう。ちょっと道を通りかかっても、こちらは独立自尊だから俺は逃げないなどと言って自動車に突き当たっては、とんだ間違いが起こる。

「元気」とは、そういうものではない。

活動の元となり、国家発展の元ともなる本当の「元気」とは、孟子の言う「浩然《こうぜん》の気」に当たるだろう。

「その浩然の気とは何ですか」と弟子に問われて、孟子はこう答えている。

「その気たるや、至大至剛《しだいしごう》、直《ちょく》をもって養い害《そこ》なうことなければ、則《すなわ》ち天下の間に塞《み》つ」

つまり、「本当の元気とは（人の内部から発せられるものであり）、極めて大きく、極めて強いものなのである。正しい道理と誠にのっとって、天地に恥じることのない行動をしていけば、自然と養われて大きくなっていくものであり、（道義を欠いた行動をして、その気を）損なうようなことさえしなければ、天地の間いっぱいに満ちていくもの」なのである。

昨日は一時の酒飲み元気で、今日はもう疲れてしまったというような「元気」ではダメである。そしてこの「本当の元気」を完全に養ったならば、けっして軟弱だとか優柔不断だとかいう非難を受ける懸念はないだろう。

「本物の元気」はどこからくるのか!?

人間は、ビタミン量がどうだの、通風や採光がどうだの、睡眠は八時間とらなければダメだの、なんだかんだといわゆる文化的生活条件を並べて、それがすべて満たされなければ元気は出ないなどと考えているが、これが大きな間違いである。元気の本当の源泉は、こうした物質的条件にあるのではない。

元気は、「頭」から出るものである。強健な「魂」から生まれるものである。

「健全なる精神は健全なる身体に宿る」という言葉の裏返しで、体が健全だからと言って、必ずしも強健な精神が宿るとは限らない。虚弱体質であっても、驚くほど元気な人は多い。図体は馬鹿でかくてもノロノロしていて、他人に追い越されていく人がいる。背は小さくてもピンピンと見るからに爽快に跳ね回っている人がいる。

元気は「頭」から出る。昔の教育は、この「頭」の養成が専門であった。ところが現在の教育は、ほかのことはいろいろ詰め込むが、この肝心の「元気」は詰め込まない。だから元気のない人間ができ上がり、世の中の元気がなくなる。そして日本が困ってくるのである。

お互いにこの国に生まれ、この国の恩恵を受け、この国で成長した以上、この国が弱って滅びてしまっても差し支えないと考える者は、一人としていないはずである。目の前の享楽に溺れている場合ではないと気づいて、奮起一番、元気を出してフル活動しなければいけないに決まっている。

その決まっていることがさっぱり実行されないのは、やはり国民に「元気な頭」がいちじるしく欠けているからである。

これは国家の問題だけでなく、個人の問題についても同様である。青年は青年、老人は老人、婦人は婦人なりにもっともっと元気を奮い起こして活動しなければならないはずである。父母や先輩や知人に対して、あの人にはこんなに恩を受けた、こんなに自分に期待してくれている、と考えれば、今のようにじっとしていられるはずがない。それなのにじっとしているのは、魂のない現代教育に毒された人間が多いからである。

本物の「元気」は、頭から生まれる。その頭が梯子段教育に毒され、知らず知らずのうちに青年の間に元気が欠けてきたのは、本当に残念なことである。

青年諸君はこの点を十分反省して、自分で「元気な頭」を養成するよう心がけなくてはいけない。現代の教育は、「元気」以外のいろいろな頭をつくる点では十二分に成功しているから、これに元気な頭を加えたならば、若いときの渋沢栄一でさえ、裸足で逃げ出すような、実に立派な、元気のよい人間ができ上がるのである。

いつの時代も必要とされる人

近年、社会全体に活気が失われ、いろいろな面で、本来なら発達すべき事柄がいちじるしく停滞してきたようである。

これは要するに、社会がますます秩序だって、人々が何事にも慎重な態度を取るようになったため、その弊害としてこうした現象が起こってきたのだろう。

しかしながら、どうも腑に落ちないのは、元来意気盛んなはずの若い人が因習にとらわれて決断力を失ってしまい、仕事に過失がないよう、その日その日を無事に過ごせればそれでいい、という傾向に陥っていることである。これは国家社会にとって、最も嘆かわしい現象ではないだろうか。

もちろん、時には沈着も必要である。慎重な態度も取らなければならない。多くの場合、軽佻浮薄な態度や突飛奇抜な行動は避けなければいけないが、現在のわが国はまだそれほどまで沈着や慎重を尊ぶ時代ではない。これまでやってきた仕事を大切に守り、間違いなくこなしていくよりも、さらに大きな計画を立て発展もして、世界各国と競争しなければならないのである。

そのためには、人一倍の元気と奮闘がなくてはいけないはずだ。にもかかわらず、一般の人々の元気は日増しにすり減り、昔に比べればはなはだしく退廃的になっている。これはわが国の発展上からも実に悲しむべきありさまではないだろうか。

今から四、五十年前、すなわち明治維新前後の人々の活動と今日を比べると、元気の点では実に天地の差がある。当時の人々はまったく目覚ましいほど元気旺盛で、今の人には到底、真似できないくらいだ。もしこの元気がなかったら、現在の日本の発展もおぼつかなかっただろう。

もちろん維新の事業に邁進した先輩諸氏には及ばないが、私の場合も、はじめて第一銀行を設立した頃は自ら小使いにもなれば書記にもなり、また頭取の役も務めるというように、身一つで万事をこなしたものであった。だからときには二晩や三晩徹夜するくらいに多忙なこともあったが、それでもさほど疲労も覚えなかった。

ことに当時の私が前途有望と言われていた官庁の職を辞め、海のものか山のものかわからない実業界に入ったのは、ある意味では酔狂としか見えないくらいで、無謀もはなはだしいことであった。

私がそれほどの苦労を忍び、万難を排して自分の計画を断行したのは、ひとえに国家産業の発展を念じていたためだが、同時に自分が大胆な精神を持っていたお蔭でもあった。仕事の中にはずいぶん突飛なことも、また危険すぎることもあったが、にもかかわらずそれをやり遂げられたのは、このような精神があったからだと信じて疑わない。

要するに維新以来の事業は何事によらず、すべて「大いなる元気」をもって計画された。そしてその成功の原因は、やはり、道理と誠にのっとって天地に恥じない生き方をすることで養われる本物の「元気」と「精力」であったと思われる。この活気あふれる行動と、進取的な計画が、今日のわが国の発展を助けたのである。

若いうちは危険なくらい活発なほうがいい

私は今日の壮年や青年に、このような本物の元気を持ってもらいたいと切に希望する。青年はけっして早熟や早老を学ぶべきではない。

かく言う私はすでに老人である。普通ならば猛進する青年に対して、「もう少し沈着にせよ」と説かなければならない地位にいる者である。

のみならず、青年の側も、老人が心配するくらいに元気を持っていなければならないはずである。

それなのに今の青年は、かえって私たち老人から、「もっと元気を出せ！」と逆に警告を与えられるようになっている。つまり、老人が見てさえも満足のできないほどに現代青年が無気力であるから、彼らにはむしろ危険と思われるくらいに活動的であってほしいと希望してやまない。

ただし、〝危険と思われるくらい〟と言っても、乱暴な行為や投機的事業をやれと勧めているのではない。

堅実な事業を、どこまでも大胆に、剛健にやれということである。こういう点では、とかく保守的になりがちな老人には危険だと感じるくらいに進取的にやって差し支えないのである。たとえば、いったん見込みがあると思った仕事に着手したなら、何があっても屈せずひるまず、その目的を達しなければやめない、というくらいの決心をもって取り組んでもらいたい。

今は、ただ従来の仕事を実直に継承していけばいいという時代ではない。言い換えれば日本の現状は、守成の時代ではなく、いまだ創設の時代である。つまり万難を排し、辛苦に耐えて、さまざまな仕事を創設発展させていかなければならない時代である。

それにもかかわらず人心は日ごとに萎縮し、国家の元素であるはずの青年の元気も日ごとに衰えていく。たまたま危険と思われるようなことをやる人間がいても、その多くはむしろ悪事を働くほうで、道徳上あるいは法律上の罪人となるにすぎない。私などにとって危険と思えるような活動をする元気のある者は、残念ながらはなはだ少ないのである。これがはたして青年の本領なのだろうか。

頭と心のスケールをもうひと回り大きく持て!

今日と昔を比較すれば、社会の物事はどれもいちじるしい進歩を遂げ、学問は大いに発達している。こういう時代に旺盛な本物の「元気」をもって事に当たれば、昔の人よりはるかに優れたことができるはずである。

社会は進歩発達を遂げているにもかかわらず、それを運用する人の気力はかえって衰退している。今の人はただ古人の足跡を踏襲することにばかり気を取られ、自分から進んで古人を凌駕し、新たな分野を開拓しようとする者は、ほとんどいなくなってしまった。

ただしこの現象には、教育の影響もあるのだろう。というのも、今日の教育は各人を一様に進ませる機械的なやり方だから、非常に劣った者も出ないかわりに、また非常に卓越した者も出ない。同じ能力の人間をつくりたいという方針の結果として、少々人物が小さくなってきたという傾向があると思う。

これについては、昔は、多数の愚者の中に一人の優秀な者がいれば、その人ははるかに群を抜いていたのだが、今日ではむしろ多数がその一人に接近し、誰でも一様に知識の程度が進むようになったから、一人の偉さがさほど目立たなくなった、と言えなくもない。

しかしながら全体的に見れば、とにかく人々の元気が薄らいできたことは争えない事実である。もし今後もこのような現象が長く続けば、それは容易ならざる一大事で、わが国の発展はいつの間にか止まってしまうと考えたほうがいい。

だから私は、今後の社会を組織しようとしている青年に向かって奮闘を求めると同時に、その先輩である壮年者たちもまた大いに元気を奮い起こし、それによって青年の元気を鼓舞するよう努力してもらうことが急務だろうと思っている。

私は、この意見と同感の人々の勇猛邁進を促すしだいである。

解説

自分の仕事をとことん愛した巨人・渋沢に学ぶ自己実現法

竹内　均

この本『渋沢栄一　君は、何のために「働く」のか』は、『渋沢栄一「生き方」を磨く』（原著は明治四十五年（一九一二）に同文館から出版された『青淵百話』）に続いて三笠書房から出版された、渋沢栄一のエッセンスをわかりやすい現代語でまとめたシリーズの第二弾である。

本書の原著は、昭和五年（一九三〇）に平凡社から出版された『渋沢栄一全集』である。その後、渋沢栄一が『論語』を解説したものとして『渋沢栄一「論語」の読み方』『孔子　人間、どこまで大きくなれるか』（ともに原著は大正十四年（一九二五）に二松学舎出版部から出版された『論語講義』）が現代語で出版されている。

渋沢栄一は天保十一年（一八四〇）二月十三日に武蔵国榛沢《はんざわ》郡血洗島《ちあらいじま》村（現在の埼玉県

深谷市血洗島）に生まれた。生家は農耕、養蚕、藍作のほか、藍玉の製造販売や金融などを行なう豪農で、栄一は年少の頃から家業に従事して商才を発揮した。父が教育熱心だったせいもあり、彼は子どもの頃から本好きで、彼の座右の書である『論語』との出合いもこの頃であった。

幕末の動乱期にあって、尊皇攘夷運動に共鳴して志士たちと交わり、文久三年（一八六三）には、従兄の尾高新五郎、渋沢喜作らとともに高崎城乗っ取り・横浜の外国人居留地襲撃を計画したが、実行には至らず、中止した。

京都へ出た渋沢は、徳川家の親藩ではあったけれども、代々尊皇の家柄として知られていた一橋（徳川）家の慶喜に仕えた。

ところが慶応二年（一八六六）に、その慶喜が十五代将軍となるに及んで、渋沢は進退に窮した。

その渋沢に、「弟の昭武に従ってパリで開かれる万国大博覧会に出席せよ」という命令が慶喜から下った。これは彼にとっては願ってもないチャンスであり、また、後の渋沢に計り知れないほど大きな影響を与えた契機ともなった。

慶応三年（一八六七）一月から明治元年（一八六八）十一月に至る約二年間をかけて、彼はフランス・スイス・ベルギー・オランダ・イタリア・イギリスなどを巡って資本主義文明を学んだ。彼の尊皇攘夷論はすっ飛んでしまった。このときの見聞によって得た産業・商業・金融に関する知識は、彼が後年、日本資本主義の指導者として近代化を推し進めるのに大いに役立った。

帰国したときには、慶喜はすでに大政を奉還し、静岡に退いていた。渋沢もいったん徳川家の封地静岡藩に入り、勘定組頭に任じられる。そして明治政府からの紙幣拝借金五十万両あまりを基本として、「商法会所」を設立して成功を収めた。これは日本最初の合本組織（株式会社）であった。

明治二年（一八六九）十一月、この成功に注目した大隈重信の説得で、彼は明治新政府に招聘《しょうへい》されて民部省（後の大蔵省と内務省を合わせたような役所）に出頭すると、租税正（現在の課長クラス）に任じられた。

また、明治四年（一八七一）八月には、大蔵大丞《たいじょう》（局長級、事実上の次官）に任じられるが、陸海軍費その他の政費の節約による財政整理の主張が入れられず、同六年（一八七三）五月、井上馨とともにここを辞め、かねての念願である民間ビジネスに全力を注ぐことになった。

同年六月に彼は、自ら立案した国立銀行条例に基づいて日本最初の近代的銀行である第一国立銀行をつくり、間もなくその総監役（頭取）に就任して以後四十数年間その職に留まった。

また彼は多くの株式会社をつくり、他人にもその設立を勧めて力を貸した。こうして抄紙会社（後の王子製紙、一八七三）、東京海上保険会社（後の東京海上日動、一八七九）、日本鉄道会社（後の東日本旅客鉄道、一八八一）、共同運輸会社（後の日本郵船、一八八二）、大阪紡績会社（後の東洋紡、一八八二）、東京瓦斯会社（一八八五）、東京ホテル（後の帝国ホテル、一八八七）、札幌麦酒会社（後のサッポロビール、一八八八）、石川島造船所（後のＩＨＩ、一八八九）などの株式会社が次々に誕生した。

さらに彼は、東京商法会議所（後の東京商工会議所、一八七八）などを組織し、その委員長や会頭を務めて日本経済の発展とともにビジネスマンの地位の向上と発展にも心血を注いだ。

明治四十二年（一九〇九）の古稀（七十歳）の祝いを機会に、彼は五十九の関係会社から引退、大正五年（一九一六）には実業界から完全に身を引いた。この間、彼が設立に携わった会社の数は実に五〇〇にも上る。

それ以後は、主として教育あるいは社会・文化事業に力を注いだ。たとえば教育事業としては、東京高等商業（現一橋大学）、大倉高等商業（現東京経済大学）、高千穂高等商業（現高千穂大学）、東京女学館、日本女子大学校（現日本女子大学）、早稲田大学と関係した。

また、社会事業としては、東京の養育院や関東大震災後の帝都復興審議会をはじめ、各種の社会事業に広く関係した。

さらに、朝鮮・中国への投資ならびに産業開発に努め、日米親善にも尽くした。

明治二十三年（一八九〇）に帝国議会が発足したときに、彼は貴族院議員に推薦され、同三十三年（一九〇〇）には男爵、大正九年（一九二〇）には子爵を授けられた。そして昭和六年（一九三一）十一月十一日、彼は東京飛鳥山の自宅で満九十一歳の大生涯を閉じた。

このように、渋沢栄一は自由と繁栄を誇る現代日本の基礎をつくってくれた偉人であり、幕末から昭和にかけて活躍した〝精神の巨人〟でもあった。当時盛んだった、戦争が国の富を増すという考えに反対した彼は、国の富や世界の平和は民主的な政治、自由な経済競争および健全な財政・貿易によってもたらされると主張した。

何から何まで、まさしく現在の日本や世界の動きを見通したかのような主張であり、態度であった。

したがって、当然ながら、彼の一生は平坦な一本道ではなかった。この本の第二章で彼自身が語っているように、彼には一生の間に五回の転機があった。こうした転機に当たたって、ことごとく人生をプラスの方向へ転換できたのは、彼がいわゆる〝実践の学問〟である『論語』の教えを忠実に実行してきたからではないだろうか。

この本の中にもしばしば出てくるように、彼は『論語』を座右の書、人生の指南書として愛読し、その教えにのっとって事業を営み、また世のために尽くした。

ちょっと考えると、『論語』と事業とはまるで関係ないもののように思われる。しかし、彼によれば、そうではない。そのことがこの本の中で「これでもか、これでもか」といった具合に語られている。

たとえば第一章で、自分の個性を発揮し、高尚な趣味を満足させることがそのまま自分の利益にもなり、同時に社会の福利ともなるような生活が理想的な人間の生き方である、と語っている。こういう意味で『論語』と事業が不可分のものとなる。これを仏教流に言い換えれば、「自他の成仏こそが理想の人生」ということになろう。同じ第一章で、渋沢はこのような理想の人生を歩んだ人の一人として、アメリカの鉄鋼王アンドリュー・カーネギーを挙げている。

第二章では、仕事に対する心構え、一流のビジネスマンに必要な資質・資格を掘り下げて説いている。渋沢自身が実践して成功し、自己実現を成し遂げたその心得、方法だから説得力がある。

たとえば、63〜65ページではビジネスパーソンとして成功するための「七つの素養」、すなわち実直、勤勉精励、着実、スピード、温厚、規律重視、忍耐力がいかに大切かを説いているが、これらは現代においてなお、いや、さらにいっそうその重要性を増していると言えよう。いずれも日常生活の中で気をつけるべきごく基本的な習慣ではあるが、これは何事も基本を怠っては成就しないという渋沢一流の体験的・実践的哲学である。

また、渋沢は必ずしも「金儲け」を悪いことだとは言っていない。それだけを目的にする人の人生の愚かさ、お粗末さを説いているのである。彼はつねづね、

「『論語』と算盤は一致する」

と言っている。これは、孔子がそうであったように、〝道を得た富貴功名〟は進んで得ようとすべきものであるし、その手段が正当であれば（つまり、『論語』の教えにのっとって仕事をしたのであれば）、それによって得られた富は自然に〝生かされて〟いくものなのである。このように、『論語』を仕事に生かしていけば、必ずまっとうな富が得られるものであり、その富は世の中に還元されていくものなのである。

人間関係の大切さ、ありがたさは第三章で述べられている。

渋沢栄一といえども、ときには誤った方向に言動が向くこともあり、それをたしなめられた経験であるとか、生涯最大のピンチを救ってくれた先輩の助言であるとかが、実に具体的でわかりやすく書かれている。渋沢がピンチのときに、先輩が救いの手を差し延べてくれたのは、ひとえに彼のふだんからの人徳による。けっして驕《おご》らずつねに謙虚で、人に優しく自分に厳しく接してきたからこそ、いざというときでも困らなかったのである。五年後、十年後を見据えた人間関係をつくり上げたいのならば、この第三章にある渋沢流の人づき合い術をぜひ実践すべきである。

第四章では個人としての生活にも言及している。つねにいい仕事をする人になるためには、日常生活から創造的に過ごし、いい習慣を確立していかなければならない、ということである。つまり、一流の社会人、一流のビジネスマンたらんとすれば、一流の家庭人であることも必要になってくるのである。

最後に第五章では、彼は「修身」をわかりやすく説明している。実践によって裏づけられているだけに、この章で彼が言っていることには情がこもっており、またその実行が有効である。彼によれば、「修身」とは「箸の上げ下ろし」のような小さいことにも注意を怠らないことである。家族に対しても客に対しても、また手紙を見るにも何をするにも、誠意と思いやりを忘れないということである。これほどわかりやすい「修身」の定義に、私はこれまでお目にかかったことがない。

同じ第五章で、彼はうまい気分転換法について述べている。彼によれば、それはAの仕事をやった後にはBの仕事、Cの仕事の後にはDの仕事というように、全然違った問題を考えたり実行したりすることである。もちろん一つの問題に対処している間は、他のことを忘れて当面の問題に専念しなければならない。

私（竹内）の経験でも、これはまことに有効な気分転換法である。

そして本書をトータルとして見るとき、五つの各章がそれぞれ仕事のさまざまな局面で、われわれが人間として、社会人として、正しい道を選択できるよう日頃から心得ておくこととなっているのである。

こうした細かい点にまで注意してこの本を読めば、特に若い諸君は、彼の人生を理想の人生とすることができるはずである。繰り返しをいとわずにもう一度言えば、「自他の成仏」こそが、理想の人生である。

このように渋沢は、明治・大正という近代日本の黎明《れいめい》期をリードした経済人であるうえに、孔子の『論語』を中心とした人の道を説いた啓蒙家でもあった。いや、むしろ逆であって、彼自身が孔子の説いた人の道を実践した優れた人格者であったからこそ、近代日本をリードできたのである。

彼の人格者ぶりを最もよく表わしているエピソードがある。それを紹介して解説の結びとしたい。

渋沢が九十一歳の冬、彼は風邪をひいて寝ていた。そこに全国方面委員（現在の民生委員）と社会事業家の代表者二十人ほどが彼に面会を求めてきた。主治医や家族が止めても彼はどうしても会うと言って聞かない。

用件は、窮民に対する救護法ができたが、予算の不足で実際には機能していないから、渋沢の力で何とかしてほしい、ということであった。これを聞くと彼は、

「年老いた身で、どれだけ役に立てるかわかりませんが、できるだけのことはしましょう。それが私に与えられた義務だと思います」

と言って、自動車のしたくをさせ、大蔵（井上準之助）・内務（安達謙蔵）両大臣に電

話をかけさせた。

主治医や家族が心配したが渋沢は、

「この老体が養生しているのは、こういうときにこそ役に立ちたいからです。もしこれで私が死んでも、それで不幸な人たちが救われるのならば、それこそ本望です」

と言った。これには誰も返す言葉を失った。


仕事を愛し、人を愛した近代日本の大巨人・渋沢栄一はこういう人である。

こういう人の遺した文章であるからこそ、じっくりと味わってもらいたい。

それだけの価値のある人物であり、それだけ価値のある教えである、と信じて疑わない。

渋沢栄一年譜

年号	年（西暦）	月	事跡	年齢 数え年
天保	一一年（一八四〇）	二月	一三日、武蔵国血洗島村（現在の埼玉県深谷市血洗島）に生まれる。	一
弘化	二年（一八四五）		この頃より書物に興味をもち始める。	六
嘉永	六年（一八五三）		祖父と一緒に藍葉を仕入れに出かけ、商才を発揮して、上質の葉を安く仕入れてくる。	一四
安政	元年（一八五四）		叔父と江戸行。書籍箱と硯箱を購入。硯箱、高価なため父より厳しく叱責される。	一五
	二年（一八五五）		姉の病気平癒の祈禱に来た霊媒師のインチキを見抜き、追い返す。	一六
	三年（一八五六）		父の名代として代官の陣屋に出頭。代官の横柄な態度に幕政の歪みを痛感する。	一七
	五年（一八五八）		従兄の尾高新五郎の妹、千代子と結婚。	一九
文久	三年（一八六三）	八月	尾高新五郎らと謀って、高崎城乗っ取り、横浜焼き討ち、倒幕を企てる。	二四
		一〇月	計画中止。	
		一一月	従兄の渋沢喜作とともに故郷を離れ、京都行。	
元治	元年（一八六四）	二月	一橋家（慶喜）に仕える。名を篤太夫と改める。	二五
	二年（一八六五）	三月	歩兵取立御用掛に任じられ、代官のあくどい裏工作にもかかわらず、約四百名の壮丁集めに成功する。	二六
慶応	三年（一八六七）	一月	一橋（徳川）慶喜の実弟、徳川民部大輔昭武が万国大博覧会に将軍の名代として招待されるのに随行し、アルフェー号で渡仏。	二八
明治	元年（一八六八）	一一月	三日、帰国（横浜港）。将軍慶喜にフランス行の報告。	二九
		一二月	静岡藩勘定組頭に任じられる。同組頭格御勝手懸り中老。	
	二年（一八六九）	一月	商法会所設立（日本初の株式会社）。静岡藩勘定支配、手附商法会所取扱に任じられる。	三〇

	八月	会計掛常平倉掛に任じられる。商法会所を廃す。	
	一一月	明治政府から呼び出され、民部省租税正に任じられる。民部省改正掛掛長。	
三年（一八七〇）	八月	制度取調御用掛兼勤。大蔵少丞。	三一
	一〇月	富岡製糸場事務主任。	
四年（一八七一）	五月	大蔵権大丞。	三二
	八月	大蔵大丞。	
	一二月	紙幣頭兼任。	
五年（一八七二）	二月	大蔵省三等出仕。大蔵少輔事務取扱。	三三
六年（一八七三）	五月	退官。	三四
	六月	第一国立銀行創立。同総監役。	
七年（一八七四）	一〇月	小野組の破産問題で第一銀行存亡の危機も、井上侯の力添えで難局脱出。	三五
	一一月	東京府知事より東京会議所共有金取締を嘱託される（東京市養育院設立、以来昭和六年に歿するまで院長を務める）。	
八年（一八七五）	四月	東京会議所委員に推される。	三六
	八月	第一国立銀行頭取に互選される（以後大正五年まで）。商法講習所を開始。	
	一二月	東京会議所会頭に選挙される。	
九年（一八七六）	五月	東京府より養育院および瓦斯局事務長を申しつけられる。	三七
一一年（一八七八）	三月	東京商法会議所創立。	三九
	八月	岩崎弥太郎から招待を受けるも、意見が合わず決裂。以来二人の反目続く。東京商法会議所会頭。	
一二年（一八七九）	一一月	東京商法講習所委員。	四〇

一三年（一八八〇）	九月	東京銀行集会所の創立委員長。	四一
一五年（一八八二）		妻千代子病死。	四三
一六年（一八八三）	一月	東京商工会会頭に選挙される。かね子と再婚。	四四
一七年（一八八四）	三月	東京商法講習所、東京商業学校と改称。	四五
二〇年（一八八七）	一二月	東京手形交換所創立委員。	四八
二四年（一八九一）	七月	東京商業会議所会頭。	五二
二五年（一八九二）	一二月	水道鉄管問題で暴漢に襲われる。	五三
二六年（一八九三）	一〇月	貨幣制度調査会委員。	五四
二九年（一八九六）	三月	東京銀行集会所会長。	五七
	六月	農商工高等会議議員。	
	九月	第一銀行新発足。引き続き頭取。	
	一二月	鉄道会議臨時議員。	
三〇年（一八九七）	一月	法典調査会委員。	五八
	一〇月	パリ博覧会出品組合委員長。	
三二年（一八九九）	一月	衆議院議員選挙法改正期成同盟会会長。	六〇
三三年（一九〇〇）	五月	男爵を授けられる。	六一
三四年（一九〇一）	一月	第五回内国勧業博覧会評議員。	六二
	一二月	帝国教育会名誉会員。	
三五年（一九〇二）	三月	朝鮮協会副会長。	六三
	四月	清韓協会幹事長。	
	五～一〇月	夫人同伴で欧米漫遊。	
三八年（一九〇五）	二月	東京商業会議所会頭辞任。	六六

	三九年（一九〇六）	六～七月	韓国視察。	六七
		七月	南満州鉄道会社設立委員。	
		一一月	大日本製糖会社相談役。	
	四一年（一九〇八）	一〇月	中央慈善協会会長。	六九
	四二年（一九〇九）	四月	癌研究会副総裁。	七〇
		六月	東京瓦斯会社その他六十の会社より引退。	
		八～一二月	渡米実業団団長として渡米、五十三都市を視察。タフト大統領、ロックフェラー氏らと会見。	
	四四年（一九一一）	三月	日露協会評議員。	七二
		五月	維新史料編纂委員。	
		一二月	国際平和義会日本支部会頭。	
	四五年（一九一二）	六月	消防義会会長。	七三
大正	元年（一九一二）	八月	日仏銀行相談役。	
	二年（一九一三）	二月	日本結核予防協会副会頭。	七四
		六月	教育調査会会員。	
		一〇月	日本実業協会会長。	
	三年（一九一四）	一月	東北九州災害救済会副総裁。	七五
		五～六月	中国視察。	
	四年（一九一五）	一〇月	米価調節調査会副会長。	七六
			渡米。ウイルソン大統領、ハインツ氏、ワナメーカー氏らと会見（翌年一月帰国）。	
	五年（一九一六）	一〇月	理化学研究所創立委員長。	七七
	七年（一九一八）	九月	臨時国民経済調査会委員。	七九
	八年（一九一九）	七月	臨時財政経済調査会委員。	八〇

年号	年	月	事項	年齢
	九年（一九二〇）	四月	国際聯盟協会会長。	八一
			日華学会会長。	
		六月	日華実業協会会長。	
		九月	子爵を授けられる。	
	一〇年（一九二一）	一〇月	渡米（翌年一月帰国）。	八二
	一二年（一九二三）	九月	大震災善後会副会長。	八四
			帝都復興審議会委員。	
	一三年（一九二四）	三月	東京女学館館長。日仏会館理事長。	八五
	一四年（一九二五）	五月	日本無線電信会社設立委員長。	八六
	一五年（一九二六）	二月	講道館後援会評議員。	八七
		八月	日本放送協会顧問。	
昭和	二年（一九二七）	二月	日本国際児童親善会会長。	八八
		六月	少年団日本聯盟顧問。	八九
	三年（一九二八）	六月	万国工業会議名誉副会長。	
		九月	交通協会相談役。	
		一一月	旭日桐花大綬章。	
	四年（一九二九）	八月	ザ・アメリカン・ソサエティー・オブ・メカニカル・エンジニアーズ名誉会員。	九〇
		一一月	中央盲人福祉協会会長。	
		一二月	天皇陛下より昼食に招待される。	
	六年（一九三一）	一月	癩予防協会会頭。	九二
		五月	全日本方面委員聯盟会長。	
		八月	中華民国水災同情会会長。	
		一一月	一一日午前一時五〇分、永眠。	

本書は、小社より刊行した『つねに刺激を出し続ける人になれ！』を再編集の上、改題したものです。

原文には、不適切な表現や差別用語などがみられますが、執筆当時の時代を反映した歴史的著作物であることの観点から、一部表現を変えたほかは、原文のままとしてあります。

渋沢栄一《しぶさわえいいち》　君《きみ》は、何《なん》のために「働《はたら》く」のか

原著者——渋沢栄一（しぶさわ・えいいち）

編・解説者——竹内　均（たけうち・ひとし）

発行者——押鐘太陽

発行所——株式会社三笠書房

〒102-0072　東京都千代田区飯田橋3-3-1
電話：(03)5226-5734（営業部）
　　：(03)5226-5731（編集部）
https://www.mikasashobo.co.jp

印　刷——誠宏印刷

製　本——若林製本工場

編集責任者　清水篤史

ISBN978-4-8379-2846-1 C0030